DIE REIHE
Archivbilder

BERLIN-WEISSENSEE

IN ALTEN ANSICHTEN

Die am 26. Oktober 1902 im Beisein von Kaiser Wilhelm II. und Kaiserin Auguste Viktoria geweihte Bethanienkirche am Mirbachplatz ist eines der Wahrzeichen von Weißensee. Durch den Bevölkerungszuwachs in der neu gegründeten Gemeinde Neu-Weißensee war ein weiteres evangelisches Gotteshaus nötig. Im September 1900 fand die Grundsteinlegung der in märkischer Backsteingotik gebauten Kirche statt, die nach ihrer Fertigstellung 1.000 Sitzplätze hatte. Die Kirche wurde am 26. Februar 1945 bei Bombenangriffen zerstört. Ihre Ruine ist bis heute erhalten.

DIE REIHE
Archivbilder

BERLIN-WEISSENSEE

IN ALTEN ANSICHTEN

Michael Haslau

SUTTON
VERLAG

Sutton Verlag GmbH
Hochheimer Straße 59
99094 Erfurt
www.suttonverlag.de

ISBN: 978-3-86680-281-0
10. Auflage 2023

Druck: Florjančič Tisk d.o.o. / Slowenien

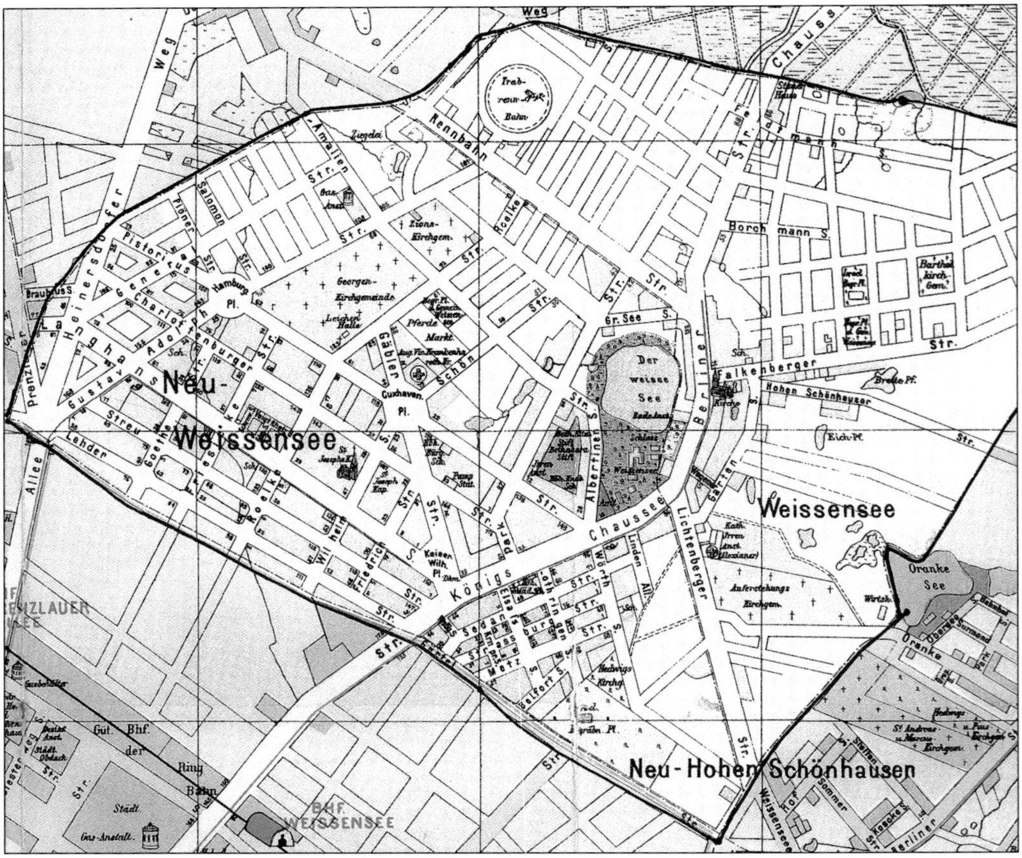

Der Stadtplan von 1902 (Copyright Pharus-Plan, mit freundlicher Genehmigung) zeigt die Ausdehnung und Abgrenzung der zu diesem Zeitpunkt noch nicht vereinten Gemeinden Weißensee und Neu-Weißensee. Die Grenzen der beiden Kommunen waren die Rennbahnstraße, das östliche Seeufer und die Lichtenberger Straße (heute Indira-Gandhi-Straße). Es gab einen Ringbahnhof Weißensee (heute S-Bahnhof Greifswalder Straße), der zwar den Namen Weißensee führte, jedoch nicht in den Gemeindegrenzen lag.

Inhaltsverzeichnis

Danksagung

An dieser Stelle möchte ich mich bei allen bedanken, die mich bei meiner Arbeit unterstützt haben.

Für die Hilfe bei inhaltlichen Fragen danke ich Herrn Joachim Bennewitz, der mir stets bereitwillig mit seinem Wissen über Weißensee weitergeholfen hat. Dank gilt auch Herrn Mario Drechsler für die Überlassung von Kartenmaterial, das zur Recherche notwendig war.

Ein ganz besonderer Dank geht an Herrn Ralf Schmiedecke für die kritische Durchsicht der Texte und Bildkommentare.

Der Weiße See in einer Luftaufnahme aus den 1930er-Jahren. Einst Namensgeber für das Dorf, trägt er diesen Namen erst wieder seit dem 19. Jahrhundert. Zwischenzeitlich hieß er der Große See, woran auch noch die Große Seestraße in seiner unmittelbaren Umgebung erinnert. Im Hintergrund sind der Verlauf der Berliner Allee sowie die St.-Josephs-Heilanstalt zu sehen.

Einleitung

Conradus de Widense, der vermutlich erste Lehnschulze des Dorfes Weißensee, wurde im Jahre 1242 als Zeuge auf einer Urkunde angeführt. Dies gilt als erster Nachweis der Existenz dieses Dorfes.

Unstimmigkeiten gibt es allerdings darüber, ob der Weiße See Namensgeber des Ortes gewesen sein kann. Oft wird darauf verwiesen, dass der auf 10,7 Hektar ausgedehnte See bis zum Ende des 19. Jahrhunderts eigentlich Großer See hieß, sodass er nicht der Namensgeber sein könne.

Pfarrer Alexander Giertz, Verfasser der Ortschronik von Weißensee 1905/06, widmete sich dieser Frage ausführlich. Nach zahlreichen Untersuchungen auf ethnischem, sprachlichem und religiösem Gebiet kam er zum Ergebnis, dass der See, dessen nebeldampfender Wasserspiegel bei regnerischem Wetter weiß und silbrig glänzt, wegen dieser Glanzerscheinung seinen Namen Weißer See doch schon früher erhielt. Denn das Schauspiel, das er selbst beobachtete, ließ ihn darauf schließen, dass die ersten Siedler im 13. Jahrhundert von dieser Erscheinung noch beeindruckter gewesen sein müssen. Gleichfalls brauchte es eine Unterscheidung zum Nachbarn, dem Orankesee, der in der Herleitung des Wortes als „rot schimmernder" See übersetzt werden kann. Es wäre also auch denkbar, dass man in Abgrenzung zur Farbe Rot auf den Namen Weißer See kam. Pfarrer Giertz geht davon aus, dass man im Dorf den Namen Weißer See wegen des fast gleich lautenden Ortsnamens allmählich aufgab, und ihn einfach den Großen See nannte, was er auf der wasserreichen Feldmark auch war.

Die neuere Geschichte Weißensees, des ungefähr sieben Kilometer vom Stadtzentrum entfernt im Kreis Niederbarnim liegenden Vorortes Berlins, begann 1871. Der siegreiche Krieg gegen Frankreich 1870/71 sorgte für einen gewaltigen Aufschwung in allen Bereichen. Berlin, Hauptstadt des wiedervereinten Deutschen Reiches und Sitz des Kaisers, konnte die in die blühende Stadt kommenden Menschen nicht mehr aufnehmen. Die Wohnungen wurden knapp. Kluge Kaufleute sahen sich nach geeigneten Vororten um, die für die Erweiterung der Stadt in Frage kamen. An Weißensee aber dachte kaum jemand, bis auf den Hamburger Kaufmann Gustav Adolf Schön. Der Reichstagsabgeordnete schickte seinen Vertrauten Johann Eduard Langhans im November 1871 nach Weißensee. Dort befanden sich ein Dorf und ein Rittergut mit zusammen etwa 400 Einwohnern in 33 Häusern. Das Gebiet des Dorfes, mit dem Kern um die Pfarrkirche, war etwa halb so groß wie das Rittergut mit dem am südlichen Seeufer errichteten Schloss. Mit großen Schwierigkeiten erreichte Johann Eduard Langhans den Ort Weißensee, da der Kutscher behauptete, es wäre viel zu weit und er wolle umkehren. Ein Trinkgeld sorgte dafür, dass die Fahrt schließlich weiterging. Langhans erkundigte sich nach der Größe des Rittergutes, das bis dahin nur für landwirtschaftliche Zwecke genutzt wurde.

Gutsherr war zu jener Zeit der Geheime Regierungsrat Dr. Friedrich Wilhelm Lüdersdorff, der das Rittergut 1858 von seinem Onkel Johann Heinrich Leberecht Pistorius geerbt hatte. Er ließ im darauf folgenden Jahr ein Schloss bauen und legte einen Park am See an. Nun erst war er bereit, sein Gut zu verkaufen. Nachdem Gustav Adolf Schön das Objekt selbst in Augenschein genommen hatte, kam es im Januar 1872 zum Kauf. Das Rittergut Weißensee war fortan seiner ursprünglichen landwirtschaftlichen Bestimmung entrissen und diente als Ort für Spekulationen mit Häuser- und Wohnungsbauten. Gustav Adolf Schön wartete nicht lange, bereits im März verkaufte er einen Teil des Gutes an den Geheimen Admiralitätsrat Ernst Gäbler. Dieser gründete die Baugesellschaft für Mittelwohnungen und legte sodann auf dem erworbenen Gelände die Sedan-, Wörth-, Lothringen- und Elsaßstraße (heute Bizet-, Smetana-, Herbert-Baum- und Mahlerstraße) an. Das Französische Viertel, das heutige Komponistenviertel, war geboren. Da es um den schnellen Gewinn ging, errichtete man primitive Häuser ohne Wasserleitungen und Gasanschluss. Diese wurden meist noch im Rohbau vermietet. Zur noch besseren Vermarktung seiner Wohnungen beteiligte sich Gäbler an der Gründung eines Konsortiums, das sich für eine Pferdebahn vom Alexanderplatz nach Weißensee einsetzte.

Kurz darauf kam der Kaufmann Hermann Roelcke nach Weißensee und erwarb von Schön ebenfalls Land. Auch er parzellierte, legte Straßen (Roelcke- und Charlottenburger Straße) an, errichtete Ziegeleien und begann mit dem Wohnungsbau. Es kam Leben nach Weißensee.

Schön selbst brachte seinen verbliebenen Teil des Rittergutes in die Weißensee-Actiengesellschaft ein. Diese parzellierte und verkaufte die Grundstücke. Die Bebauung wurde dem Käufer überlassen. Schön zog sich nach Hamburg zurück und überließ seinem Generalbevollmächtigten Langhans die Geschäfte. Gleich zwei Straßen benannte man in dieser Zeit nach dem „Gründervater", nämlich die Gustav-Adolf-Straße und die Schönstraße.

Die Zahl der Einwohner im Bereich des Rittergutes stieg von 169 im Jahre 1872 auf 4.000 im Jahre 1880. Da das Territorium des Rittergutes nicht zur Gemeinde des Dorfes Weißensee gehörte, versuchte man diese beiden Teile zu einer großen Gemeinde zu vereinigen. Die alte Gemeinde, mit dem Charakter eines ländlichen Dorfes, widersprach. Sie wollte mit den „Städtern" nichts zu tun haben. So wurde nach zähen Verhandlungen vom Ausschuss des Kreises Niederbarnim beschlossen, den Gutsbezirk aufzulösen und an seiner Stelle, neben der bestehenden Gemeinde Weißensee, eine neue selbstständige Gemeinde Neu-Weißensee zu bilden. Man legte eine Grenze zwischen den Gemeinden Weißensee und Neu-Weißensee fest, die von der Rennbahnstraße, dem Ostufer des Sees sowie der Lichtenberger Straße (heute Indira-Gandhi-Straße) gebildet wurde. Der genaue Grenzverlauf kann dem Pharusplan von 1902 entnommen werden (Seite 4). Im Rahmen der Verhandlungen ergab sich ein Austausch bzw. die Abtretung von Flurstücken, sodass die beiden seit 1880 unabhängigen Gemeinden flächenmäßig in etwa gleich groß waren.

Heinrich Feldtmann, der bereits 1874 nach Weißensee kam und die Verwaltung des Rittergutes organisierte, war der erste Gemeindevorsteher Neu-Weißensees. Er hatte große Schwierigkeiten zu überwinden. Vor allem fehlte es an Geld für Schulhausbauten, die Straßenpflasterung und Entwässerungseinrichtungen. Feldtmann schaffte es, die notwendigen Geldgeber zu finden. So beteiligten sich die Innungen der Bauhandwerker, Bäcker, Schlächter und Wagenbauer an den Kosten. Es entstanden Schulhäuser in der Roelcke-, Wörth- (heute Smetana-), Gustav-Adolf- und Wilhelmstraße (heute Behaimstraße). Das Gaswerk an der Gustav-Adolf-Straße stellte die Versorgung der Gemeinde und die Straßenbeleuchtung sicher, Friedhöfe wurden angelegt, ebenso ein Pferde- und ein Wochenmarkt. 1892 entstand die unterirdische Kanalisation mit einer Kläranlage und Rieselfeldern zur Malchower Flur.

Als 1901 die Straßenbahn mit elektrischem Betrieb eingeführt wurde, pflasterte man die Königschaussee (heute Berliner Allee) und weitere Straßen. Was Heinrich Feldtmann für Weißensee in nur 25 Jahren getan hat, ist beeindruckend. Unermüdlich arbeitete er für seine Gemeinde. Als die evangelische Gemeinde nicht genug Geld für einen Kirchenneubau zusammenbekam, wandte sich Feldtmann an Freiherr von Mirbach, Mitglied des General-Synodalrates der Evangelischen Kirche, und bat um Geld für den Bau der Bethanienkirche. Erfolg war ihm sowohl hier wie auch beim dringend benötigten Krankenhausbau beschieden, für den er den Vaterländischen Frauenverein gewinnen konnte.

Neu-Weißensee wuchs von 4.000 Einwohnern (1880) auf rund 34.000 im Jahre 1905 an. Mittlerweile zu einem der größten Vororte Berlins geworden, wollte man das Stadtrecht erwerben. Voraussetzung dafür war die Vereinigung mit dem Dorf Weißensee, das im gleichen Zeitraum lediglich von 800 auf 3.100 Einwohner angewachsen war. Diesmal ging die Initiative zur Vereinigung vom Dorf aus, da die notwendigen Einrichtungen wie Wasserversorgung und Kanalisation von einer so kleinen Gemeinde nicht bewältigt werden konnten. Am 1. Januar 1905 wurde der Vertrag über die Vereinigung wirksam. Beide Gemeinden verschmolzen zum vereinten Weißensee. Leider konnte der bei den Weißenseern beliebte und geachtete Heinrich Feldtmann die von ihm vorangetriebene Vereinigung der Gemeinden nur kurz genießen, da er plötzlich und unerwartet am 26. Juli 1905 verstarb. An seiner Stelle wurde Dr. Carl Woelck zum Gemeindevorsteher gewählt. Weißensee, immer noch Vorort und auf Erringung des Stadtrechts bedacht, sollte unter Woelck schöner und moderner werden. Die Gemeinde kaufte den Weißen See sowie das umliegende Terrain und legte einen öffentlichen Park mit Uferpromenade an. Es wurden die restlichen Straßen gepflastert, die Bürgersteige neu befestigt, die Kanalisation ausgebaut. Für die größeren Projekte holte Woelck den Architekten Carl James Bühring nach Weißensee und machte ihn zum Gemeindebaurat. Dieser erschuf das Munizipalviertel als Gemeindeforum mit Verwaltungsgebäuden, der Turn- und Festhalle, dem Realgymnasium, Pumpstation, Bücherei und Ledigenwohnheim. Gleichfalls zeichnete er für eine große Anzahl moderner Wohnbauten und das Säuglingskrankenhaus verantwortlich.

Unter Woelck wurde auch die Industrie gefördert. Die als Rieselfelder genutzten Ländereien nördlich der Rennbahnstraße schloss man an die Industriebahnlinie Tegel–Friedrichsfelde an. Gleichzeitig erwarb die Gemeinde das Elektrizitätswerk in der Großen Seestraße, um den sich ansiedelnden Unternehmen günstige Strompreise zu garantieren.

Ungewöhnlich war, dass Weißensee kein Ortswappen hatte. Der bereits erwähnte Pfarrer Giertz bemerkte dies bei seiner Arbeit an der Ortschronik und schlug der Gemeinde ein Wappen vor, das auf die Entstehungszeit des Ortes zurückgeht. Auf einem schräg gestellten Schild sind Marterwerkzeuge zu sehen, Richtrad mit senkrechtem Richtschwert, die einem Altarbild der heiligen Katharina entlehnt sind, die einst als Schutzherrin des Ortes verehrt worden sein soll. Angenommen wurde dieser Entwurf nicht. Der zweite Entwurf stammt von Baurat Carl James Bühring. Er symbolisiert das bedeutungsvolle Ereignis der Vereinigung der Ortsteile im Jahre 1905 zu einer Gemeinde. Die vereinigten Orte sind durch ein Menschenpaar dargestellt, das Hand in Hand seinen gemeinschaftlichen Lebensweg antritt. Die Personen erscheinen in einem grünen Feld und tragen gemeinsam die ihnen auferlegte Last, einen goldenen Schlüssel als Zeichen der Regierungsgewalt. Die Wellen des Weißen Sees sind auf blauem Grund in einzelnen weißen Flocken ausgeführt. Diesen Entwurf nahm die Gemeindevertretung 1912 als Wappen an und es kam auch zum Einsatz. Leider ist nicht genau überliefert, warum dieses Wappen bald nicht mehr verwendet wurde. Vermutlich benutzte man nach 1920, als Weißensee mit Berlin vereinigt war, nur noch das Berliner Wappen. In der DDR-Zeit erinnerte man sich irgendwann an den Entwurf von Pfarrer Giertz. Der Entwurf von Carl James Bühring entsprach sicher nicht dem DDR-Zeitgeist, da er „Vereinigung" symbolisierte. So avancierte der Entwurf von Pfarrer Giertz zum Stadtbezirkswappen. Mit Blick auf Weißensees Geschichte seit 1905 ist Bührings Wappen vor allem aus heutiger Sicht aktueller. Zudem wurde es als einziges offiziell von der Gemeindevertretung angenommen. Vielleicht hätte der Berliner Senat das bedenken sollen, als er 1992 das Wappen von Pfarrer Giertz amtlich bestätigte.

Die Bemühungen, das Stadtrecht zu erhalten, wurden bald hinfällig. Durch Gesetz vom 27. April 1920 wurden die Gemeinden Weißensee, Hohenschönhausen, Malchow, Wartenberg und Falkenberg zum 18. Verwaltungsbezirk von Groß-Berlin zusammengeschlossen, der die Bezeichnung Weißensee erhielt. Die Bildung einer eigenen Stadt war nicht geglückt. Wie alle anderen Vororte wurde Weißensee von der Reichshauptstadt, deren Nähe man auch den Aufschwung verdankte, aufgenommen. Die folgenden Jahre waren von verstärktem Wohnungsbau geprägt. Ab 1933 lag der Schwerpunkt in der Errichtung von Rüstungsbetrieben im Industrieviertel.

Nach dem Ende des Zweiten Weltkrieges waren 16 Prozent der Wohnungen im Bezirk Weißensee zerstört, bis 1961 wurden zwölf Prozent wieder neu errichtet.

Seit der Bezirks- und Verwaltungsreform 2001 bildet Weißensee mit Prenzlauer Berg und Pankow den III. Bezirk von Berlin mit der Bezeichnung Pankow. Weißensee ist heute nur noch Ortsteil und zählte im Jahre 2007 rund 44.700 Einwohner.

Bibliografie und Bildnachweis

Bezirksamt Weißensee von Berlin 1997, Begleitbuch zur gleichnamigen Ausstellung im Stadtgeschichtlichen Museum Weißensee: Alles nach Weissensee zum Sternecker. Vergnügungsstätten in Weissensee.

Bezirksamt Weißensee von Berlin, Abteilung Bildung und Kultur: *Juden in Weißensee. Ich hatte einst ein schönes Vaterland,* Edition Hentrich, Berlin 1994.

BENNEWITZ, JOACHIM: *Bilder aus der DDR. Berlin-Weissensee,* Sutton Verlag GmbH, Erfurt 2003.

Deutsche Bauzeitung: 67. Jahr, Heft 12, Berlin 1933.

Festschrift: *700 Jahre Weißensee,* Bezirksverwaltung Weißensee 1937.

Festschrift zum 50-jährigen Bestehen der Turnvereinigung Weissensee e.V., G & O. Hille, Berlin 1932.

GIERTZ, ALEXANDER: *Chronik der Gemeinde Weißensee bei Berlin,* Verlag der Gemeinde, Weißensee bei Berlin 1905, 1906.

GLASS, PETER: *Es ist daselbst ein sehr schöner Garten. Der Park am Weißen See,* AG Verlag, Berlin 1999.

HÄNSEL, SYLVAINE UND SCHMITT, ANGELIKA: *Kinoarchitektur in Berlin 1895–1995,* Dietrich Reimer Verlag, Berlin 1995.

Jubiläumsschrift der Berliner-Nordost-Zeitung/Weissenseer Zeitung: *Weißensee im Wandel der Zeit,* Berlin 1928.

KOLITSCH, RAINER: *Berlin-Weißensee wie es früher war,* Wartberg Verlag, Gudensberg-Gleichen 1996.

LAIS, SYLVIA: *Wegweiser zu Berliner Straßennamen. Weißensee,* Edition Luisenstadt, Luisenstädtischer Bildungsverein e.V., Berlin 1993.

NITSCHKE, GÜNTER: *Straßen und Straßennamen des Stadtbezirks Berlin-Weißensee,* VOB National, Berlin 1989.

PÜSCHEL, WALTER: *Spaziergänge in Weißensee.* Berliner Reminiszenzen No. 67, Haude & Spener, Berlin 1993.

Weißenseer Heimatfreunde e.V.: *Auf Schienen nach Weißensee. 125 Jahre Straßenbahnen im Nordosten Berlins,* GVE Verlag, Berlin 2002.

WOESNER, REGINA: *Johann Heinrich Leberecht Pistorius (1777–1858). Gutsbesitzer, Landwirt und Schnapsbrenner in Weißensee,* P.E.R. schulinterner Verlag des Bühring Gymnasiums, Weißensee 2000.

ZWICKERT, G. / LINDEMANN, C. / CZAIKA, E. / LINDSTÄDT, K.: *Denkmale in Berlin-Weissensee,* Bezirksamt Weißensee von Berlin, 1998.

Alle Abbildungen und Fotos entstammen dem Privatarchiv Haslau.

1

Flanieren auf der Königschaussee

Königschaussee hieß der Teil der heutigen Berliner Allee bis 1910, der sich auf dem Gebiet von Neu-Weißensee befand. Er verlief von der Gürtelstraße bis zur Lichtenberger Straße (heute Indira-Gandhi-Straße). In dieser Aufnahme von 1905 ist die Königschaussee / Ecke Gürtelstraße zu sehen, also die Grenze zu Berlin (heute zu Prenzlauer Berg). Der Gastwirt Carl Succow nahm diesen Umstand zum Anlass, sein Etablissement „Zum ersten und letzten Weissensee'er" zu nennen.

So wie die Gürtelstraße begrenzt auch die Lehderstraße Weißensee, hier in einer Aufnahme von 1910. Das links zu sehende Haus auf der Königschaussee (heute Berliner Allee) / Ecke Lehderstraße beherbergte das Gasthaus „Zum Prälaten". Hermann Drögers Restaurant verfügte über einen Gartenbereich und einen Tanzsaal.

Von der Lehderstraße kommend erreicht man die Einmündung der Streustraße. Links an der Ecke befand sich die Gastwirtschaft von Wilhelm Schmutz, rechts die Kolonialwarenhandlung von Bernhard Pastorino, 1902.

Das Haus Berliner Allee 253 (heute 11), hier auf einem Foto von 1935, befindet sich zwischen Lehderstraße und Streustraße. Links das Fahrradgeschäft von Franz Matis, rechts das Geschäft des Seifenmeisters Siegfried Obinger sowie die Zigarrenhandlung Otto Schillert.

Dieses Foto von 1910 zeigt die Königschaussee 38 (heute Berliner Allee 15), das Eckhaus an der Streustraße. Hier betrieb Hugo Schaarschmidt eine Papier- und Spielwarenhandlung. Er bot Schulbücher an und war Doktor einer „Puppen-Klinik“.

Blick in die Weißenburgstraße (heute Rossinistraße) zur Sedanstraße (heute Bizetstraße), 1920. Vorn in den Eckhäusern an der Berliner Allee befanden sich Gasthäuser, links ein Ausschank des Münchner Brauhauses, rechts der Ausschank von Manegolds Likör-Fabrik.

Die Königschaussee in Höhe des Antonplatzes mit einer geschlossenen Straßenfront auf der linken Seite, 1910. Durch Luftangriffe im Zweiten Weltkrieg sind diese Gebäude zerstört worden. Da sie nicht wieder aufgebaut wurden, entstand ein kleiner Park mit Durchgang zur heutigen Bizetstraße.

In der Mitte des Antonplatzes wurde am 26. September 1897 das Standbild Seiner Majestät Kaiser Wilhelm des Großen enthüllt. Anlass war der 100. Geburtstag des früheren Kaisers, der allerdings bereits im März begangen wurde. Dieses Wahrzeichen Weißensees, hier in einer frühen Aufnahme von 1899, fiel 1928 der Umgestaltung des Platzes zum Opfer.

Der Antonplatz wurde nach dem jüngsten Bruder des Weißenseer Gründervaters Gustav Adolf Schön, Anton Matthias, benannt. Anton Matthias stellte seinem Bruder Kapital für dessen Weißenseer Bodenspekulationen zur Verfügung. Aufnahme von 1908.

Um 1930 wurde der Antonplatz umgestaltet. Im Zentrum befand sich das 1920 erbaute Kinogebäude. Somit hatte Weißensee sein repräsentatives Filmtheater, das zunächst die Decla-Lichtspiele betrieben. Von 1922 bis 1945 übernahm es die Universum-Film AG (UfA). Im Zweiten Weltkrieg nur leicht zerstört, eröffnete es 1948 wieder als Privatkino „Toni".

In der Max-Steinke-Straße 2 am Antonplatz befand sich das Café und Conditorei Schulz. Das Foto von 1928 zeigt links ein Hinweisschild auf die Zahnärzte Knecht und Steuss, die modernen Zahnersatz anboten.

Links neben dem heutigen Kino „Toni“ lag an der Ecke zur Langhansstraße das Hotel mit Restaurant „Berliner Hof“. Seit 1902 war es das erste Haus am Platze. Inhaber Richard Weigel bot um 1905 neben Kost und Logis den zeitgemäßen Service einer „Radfahrer-Station“ an.

In der Langhansstraße 153 führte Margarete Sommer 1928 das Schokoladenhaus Antonplatz. Hier wurden neben Schokolade auch weitere Süßwaren, insbesondere Konfitüren verkauft. Heute befindet sich in diesem Geschäft eine Obst- und Gemüsehandlung.

Die Königschaussee vom Antonplatz in Richtung Elsaßstraße (heute Mahlerstraße) gesehen. Um 1906 prägten die Pferdefuhrwerke das Bild auf der Weißenseer Prachtstraße. Auf beiden Straßenseiten reihte sich Geschäft an Geschäft, wobei die Häuser auf der rechten Seite großzügige Bürgersteige mit viel Platz für Alleebäume und Grün hatten.

Der gleiche Straßenzug 30 Jahre später. Die Pferdefuhrwerke sind verschwunden, die Straße ist verbreitert, in der Mitte wurde ein begrüntes Gleisbett angelegt. Diesen Maßnahmen fielen die Alleebäume und das Grün auf den Bürgersteigen zum Opfer.

Im Haus Berliner Allee 241 / Ecke Tassostraße (heute Berliner Allee 51) befand sich eine Filiale des Berliner Ullstein Verlages. Hier wurden die Verlagszeitschriften vertrieben und es konnten auch Anzeigen aufgegeben werden. Foto von 1920.

Der Straßenzug der Berliner Allee zwischen Tasso- und Parkstraße im Jahre 1916. Auf dem Dach des imposanten Eckhauses an der Tassostraße war Reklameschrift für das Elektrizitätswerk Weißensee angebracht. Der Strom des um 1900 an der Großen Seestraße gebauten Werkes war die Voraussetzung für den industriellen Aufschwung und die Verbesserung der Lebensqualität in Weißensee.

Blick von der Königschaussee zur Lothringenstraße (heute Berliner Allee / Ecke Herbert-Baum-Straße). In diesem Eckgebäude befanden sich die Verkaufsräume und Werkstätten der Tischlerei und Möbelfabrik Bricke. Das 1890 gegründete Familienunternehmen betrieb sein Gewerbe über 100 Jahre in demselben Haus und ist heute noch vielen Weißenseern ein Begriff.

Das Foto von 1910 zeigt die Königschaussee 70 (heute Berliner Allee 84), das Haus gleich hinter dem der Möbelhandlung Bricke. Hier betrieb Reinhold Sielaff eine Grünkramhandlung, wie Obst- und Gemüsehandlungen zu dieser Zeit genannt wurden, die Gastwirtin Johanna Rüdiger ein kleines Restaurant und Gustav Franzke ein Nähmaschinengeschäft.

Zu welchem Anlass dieses Foto entstand, ist leider nicht bekannt. Die Aufnahme der Kinder in Sonntagskleidung vom Fotografen August Grieger entstand um 1900 im Atelier Richard Kemmler in der Königschaussee 20 (heute Berliner Allee 81).

Hermann Grossmann, der Inhaber des Restaurants und der Stehbierhalle, posiert im Jahre 1910 vor seinem Lokal in der Königschaussee 25 (heute Berliner Allee 69), dem Eckhaus zur Parkstraße.

Das um die Jahrhundertwende gegenüber dem Schloss in der Königschaussee / Ecke Lindenallee vom Berliner Architekten Paul Oeberholz erbaute Wohnhaus „Alpenrose“ erhielt seinen Namen nach dem gleichnamigen Restaurant. Trotz starker Zerstörung im Zweiten Weltkrieg wurde es wieder aufgebaut, hat aber umständehalber seinen Glanz verloren.

Einige Meter hinter dem Wohnhaus „Alpenrose“ (heute Berliner Allee 130 und 132) stehen diese zwei Gebäude, die als „Schiller- und Goethe-Haus“ bezeichnet wurden. Der Bauherr dachte sich wohl, dass so schöne majestätische Häuser einen besonderen Namen brauchen. Er ließ in den Höfen Skulpturen aufstellen, über die Eingangstore einmal Schiller und einmal Goethe meißeln und fertig waren die Dichterhäuser.

Die Butterhandlung von Fritz Mittelstädt in der Berliner Allee 57 (heute 122), die sich zwischen Wörthstraße (heute Smetanastraße) und Lindenallee befand, anno 1935.

Bis 1905 war dieses Haus an der Berliner Allee / Ecke Lichtenberger Straße (heute Indira-Gandhi-Straße) die Grenze zwischen Neu-Weißensee und dem alten Dorf Weißensee. Bis hier hieß die Berliner Allee Königschaussee. Das Gebäude musste in den 1970er-Jahren der Verbreiterung der Straße weichen.

Das rechts im Bild zu sehende Büro- und Handelshaus Berliner Allee / Ecke Wörthstraße (heute Smetanastraße) wurde um 1930 von einem Warenhauskonzern errichtet. Hier eröffnete ein Kaufhaus mit neuem Geschäftsmodell: Alles kostete das Gleiche. Die Einheitspreis AG (EPA) war somit wohl der Erfinder der heute überall verbreiteten 99-Cent-Läden.

Das Gebäude Berliner Allee / Ecke Albertinenstraße in einer Aufnahme von 1910. Hier betrieb die Witwe Johanna Levy ein Wäschegeschäft und Franziska Brandenburg eine Zigarrenhandlung. Heute steht an dieser Stelle ein Neubau.

1914 entstand dieses Foto vom Geschäft des Fleischermeisters Richard Taubenheim in der Berliner Allee 220 (heute 105). Er hatte das seit 1895 hier existierende Traditionsunternehmen von Wilhelm Taubenheim übernommen. Auch dieses Haus musste einem Neubau weichen.

Um 1886 wurde das in der Berliner Allee am Eingang zum Schlosspark gelegene Gebäude im Auftrag von Rudolf Sternecker errichtet. Dieser benötigte für seine auf dem Nebengrundstück gebaute Brauerei ein Restaurant mit Ballsälen. In den 1930er-Jahren betrieb der Oekonom Arthur Oehlke einen Ausschank der Berliner Kindl Brauerei. Heute wird es als Kreiskulturhaus Peter Edel genutzt.

Direkt am Eingang zum Schlosspark weist ein aufwendiges Reklameschild auf das gleichnamige Kino hin. Bereits 1912 wurde im Schlosspark ein Kinematographentheater betrieben. Aufgrund steigender Besucherzahlen baute man 1925 die alten Stallungen des Schlosses aus. Das so entstandene Kino verfügte über 1.417 Plätze.

Das Denkmal für Kaiser Wilhelm, einst als Wahrzeichen am Antonplatz stehend, wurde nach dessen Umgestaltung 1928 in den Schlosspark an der Berliner Allee umgesetzt, etwa in Höhe der Einmündung der Lichtenberger Straße (heute Indira-Gandhi-Straße). Dem Denkmal war ein trauriges Schicksal beschieden, da es zur Herstellung von Munition für den Zweiten Weltkrieg eingeschmolzen wurde.

2

Rund um den Weißen See

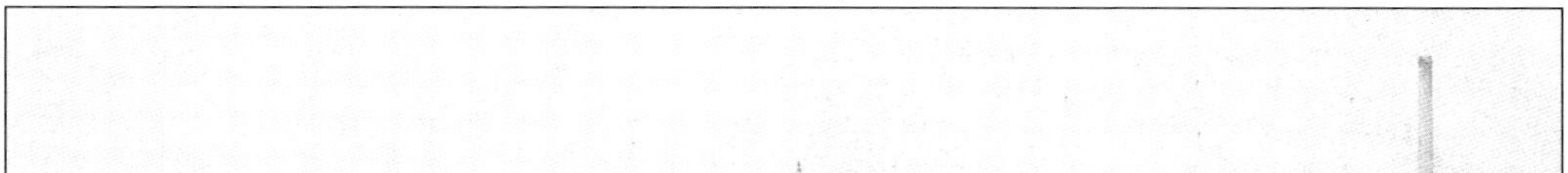

Das am südlichen Ufer des Weißen Sees gelegene Schloss ließ der Geheime Regierungsrat Dr. Lüdersdorff 1859 an der Stelle des alten Gutshauses errichten. Links und rechts des flachen Mittelbaus verleihen zwei rechteckige Türme dem Gebäude einen majestätischen Charakter. Das Schloss wurde 1874 zu einem Restaurantbetrieb ausgebaut.

Seit 1877 führt eine Straßenbahnstrecke von Berlin (Alexanderplatz) zum Schloss Weißensee. Das Foto von 1908 zeigt die von der Wendeschleife abfahrende Linie 61 Richtung Schöneberg, Wartburgplatz. Schloss und Park kaufte im Jahre 1905 die Gemeinde. Ursprüngliche Pläne, das Schloss als Amtshaus auszubauen, wurden fallen gelassen. Stattdessen entschied man sich zur Verpachtung als Restaurant.

Der Tanzsaal des Schlosses in einer Aufnahme von 1901. Rudolf Sternecker übernahm 1885 das Schloss und den Park. Er schuf um das Schloss herum den Vergnügungspark „Welt-Restaurant Zum Sternecker Schloss Weissensee" nach dem Vorbild des Kopenhagener „Tivoli".

Wie viele öffentliche Gebäude in Weißensee wurde während des Ersten Weltkriegs auch das Schloss zur Kaserne umfunktioniert. Seit November 1915 waren hier zwei Kompanien des I. Garde-Reserve-Regiments einquartiert. Die Aufnahme von 1916 zeigt den neu gebauten Speisesaal für die Mannschaften.

Der Abzug der Soldaten war beschlossen, aber noch nicht vollzogen. So kam es am 21. Februar 1919 zur Katastrophe. Soldaten verbrannten einen großen Posten Holzwolle. Die Flammen breiteten sich schnell vom Tanzlokal zum Hauptgebäude aus. Im Schloss lagernde Munition beschleunigte das Feuer und verursachte Explosionen. Weißensee verlor sein bedeutendes Wahrzeichen.

Menschenmassen strömten zum Vergnügungspark am Schloss. Die Straßenbahn verkehrte im verkürzten Takt. Rudolf Sternecker war mit seinem Vorhaben, ein Kopenhagener „Tivoli“ zu schaffen, bereits 1894 in Konkurs gegangen, jedoch übernahmen andere Gastwirte das Schlossrestaurant. Weiterhin war es eine Vergnügungsstätte, wie dieses Foto von 1913 zeigt.

Der Eingang zum Schlosspark in einer Aufnahme von 1900. Noch immer warb man mit dem „Weltetablissement Zum Sternecker“. Sternecker hatte in seinem Vergnügungspark Attraktionen geschaffen wie die Schwedische Rutschbahn, Riesenkarussell, Schaukeln, Dampfschifffahrten, Reitbahn, Seetheater, Römische Arena, Ballhaus, Kegelbahn und natürlich auch einen Bierausschank.

Auch dieses Restaurant ließ Rudolf Sternecker 1885 als Teil seines Vergnügungsparks bauen. Seinerzeit als Bayerische Bierstube betrieben, zeigt das Foto von 1923 es als Restaurant „Storchennest".

Die Seeterrassen mit riesigem Biergarten laden zum Verweilen ein. Zu Sterneckers Zeiten konnte man von hier das Schauspiel „Der Untergang von Pompeji" verfolgen. Ein riesiges Floß wurde als Theaterkulisse im See verankert. Ein Feuerwerk beendete die Vorstellung.

Schon vor Rudolf Sternecker versuchte sich ein Gastwirt an der Schaffung eines Vergnügungsparks. Fritz Kretschmer wollte sein „Tivoli“ am See in Höhe der Amalienstraße errichten. Er gab bald auf, aber eines seiner Bauvorhaben, das Orchesterhaus, konnte 1894 vollendet werden. Erst als privates Gartenhaus genutzt, wurde es ab 1911 als „Milchhäuschen“ eröffnet. Foto von 1936.

Tatsächlich wurden im „Milchhäuschen“ Produkte aus der gemeindeeigenen Milchkuranstalt verkauft. 1967 riss man das baufällige alte Gebäude, hier in einem Foto von 1935, ab und ersetzte es durch ein neues. Noch heute kann man am „Milchhäuschen“ die Sommertage genießen.

Um die Kühlwasseranlage des Elektrizitätswerks abzudecken, schuf man 1912 nach Plänen von Carl James Bühring eine Seebrücke. Als Aussichtspunkt konzipiert, wurde sie mit zwei Figuren des Bildhauers Hans Schellhorn verziert. Aufnahme von 1914.

Blick vom Ruderbootverleih auf die 1912 errichtete Gemeindebadeanstalt. Der Neubau verfügte neben Umkleidekabinen auch über ein Restaurant. Bereits ab 1879 gab es eine Seebadeanstalt. Diese musste 1898 wegen Baufälligkeit schließen. Unerlaubtes Baden im See wurde streng bestraft.

Viele Weißenseer wurden Opfer des Ersten Weltkriegs 1914–1918. Ein Heldengedenkstein wurde 1925 im Blumengarten des Sees aufgestellt. „Unseren 1585 Tapferen, gefallen für Volk und Vaterland, zur Ehre und zum Gedenken" lautet die Innschrift. Die Zahl der Toten umfasst nicht nur die tatsächlich Gefallenen, sondern auch die durch Hunger und Krankheit Gestorbenen.

1905 kaufte die vereinte Gemeinde Weißensee nicht nur das Schloss und den dazugehörigen Park. Sie erwarb auch von allen Anliegern des Sees zumindest einen Landstreifen, sodass es nun möglich war, eine Promenade um den gesamten See anzulegen und der Öffentlichkeit zugänglich zu machen. Foto von 1936.

3

Die Berliner Straße in Richtung Malchow

Auf dem Gebiet des alten Dorfes Weißensee trug die heutige Berliner Allee bis 1910 den Namen Berliner Straße. In Verlängerung der Königschaussee ab der Lichtenberger Straße (heute Indira-Gandhi-Straße), der Grenze zu Neu-Weißensee, führte sie bis zur Gemarkung Malchow. Die Aufnahme gewährt einen Blick auf Kirche und Pfarrhaus.

Etwa auf Höhe der Wegenerstraße stand auf der Seeseite der Berliner Allee eine Nachbildung der Olympiaglocke. Anlässlich der Olympischen Sommerspiele 1936 in Berlin wurden Duplikate der Olympiaglocke am Olympiastadion gegossen. Diese stellte man in mehreren Berliner Bezirken auf. Im Zweiten Weltkrieg wurde sie zu Munition eingeschmolzen.

Ein längeres Dasein beschieden war dem als „ältestes Haus Weissensees" bekannten Restaurant „Zum grünen Baum", das sich an gleicher Stelle wie die Olympiaglocke zuvor befand. Wann genau es gebaut wurde, ist nicht bekannt. Gewiss ist jedoch, dass hier 1809 der aus dem Exil zurückkehrende König Friedrich Wilhelm III. und die Königin Luise vom Berliner Magistrat empfangen wurden. 1928 musste das Gebäude der Verbreiterung der Berliner Allee weichen.

Entlang der Seeseite der Berliner Straße befand sich eine Reihe von Restaurants, die mit ihrem hinter dem Haus liegenden Garten Zugang zum See versprachen. So auch der Gastwirt Emil Segger, dessen Hotel und Gasthaus den Namen „Sporthaus Weißensee" trug. Aufnahme von 1904.

Conditorei und Café von Robert Leppien in der Berliner Allee 187 (heute 191). Wie das Foto von 1913 den Betrachter erkennen lässt, wurde auch Bier der Friedrichshainer Aktienbrauerei ausgeschenkt.

Im Haus Berliner Allee 198 (heute 169) betrieb Hermann Schlimper eine Zigarrenhandlung. Foto von 1913.

Das Haus Berliner Straße 143 (heute Berliner Allee 187) im Jahre 1907. Die gesamte Hausgemeinschaft hat sich für die Aufnahme vor der Gemüsehandlung von August Stühmer und dem Zigarrengeschäft Wilhelm Buckow postiert.

Berliner Straße (heute Berliner Allee) / Ecke Große Seestraße – hier reihten sich die Gastwirtschaften 1909 aneinander, rechts in der Großen Seestraße die Gasthäuser von Carl Lehmann und Fritz Schumann. Gegenüber, im Dreieck Große Seestraße, Rennbahnstraße und heutige Lemgoer Straße, befand sich seit 1877 ein Straßenbahnbetriebshof für die Pferdestraßenbahn.

Blick von der Berliner Allee in die Rennbahnstraße. Auf einem Findling steht die Inschrift „Unserm Bismarck – Die Bürger Weissensees, 30. Juli 1908“. Auch nach nunmehr 100 Jahren kann man den „Bismarckstein“ dort noch unter einer großen Eiche entdecken.

Die heute an der Berliner Allee / Ecke Falkenbergerstraße stehende Pfarrkirche wurde bereits im 13. Jahrhundert erbaut. Im 15. Jahrhundert kam es zum Aufbau eines Schiffs aus Backstein, das 1863 und 1900 noch zweimal erweitert wurde, sodass die Zahl der Sitzplätze auf 500 stieg. Von englischen Bombern 1943 zerstört, baute man die Kirche 1948 wieder auf.

Die 1914 angelegte Caseler Straße wurde 1915/16 nach Entwürfen von Carl James Bühring bebaut. Seine Pläne hoben sich stark von denen der sonst üblichen Mietskasernenbauweise ab. Die Wohnungen verfügten über zentrale Heizungen und warmes Wasser. Rechts befindet sich damals wie heute eine Apotheke. Aufnahme um 1920.

Die Aufnahme von 1916 zeigt die Berliner Allee / Ecke Bernkasteler Straße. In dem Eckhaus links zur Bernkasteler Straße betrieb Wilhelm Neumann ein Restaurant mit Imbisshalle. Gleich nebenan in der Berliner Allee war die Wollwarenhandlung von Max Mirast.

Arbeiter der Kohlenhandelsgesellschaft Weißensee mbH im Jahre 1924 auf dem Kontor und Großlagerplatz an der Berliner Allee 154–158 (heute 261–267). Die Firma hatte mehrere Lagerplätze und war der größte Brennstofflieferant in Weißensee.

Die Familie von Wilhelm Nitz auf einem Foto von 1911. Seine Kolonialwarenhandlung befand sich in der Berliner Allee 159/160 (heute 253) und bot Kaffee, Konserven und Dosenfrüchte an.

An der Berliner Straße (heute Berliner Allee) / Ecke Feldtmannstraße befand sich Wilhelm Römings Restaurant mit großem Garten und französischem Billard. Mit der auf dem Foto von 1903 zu sehenden Fahne sollten müde Radfahrer zur Einkehr bewogen werden. Im selben Jahr übernahm August Burneleit das Restaurant.

4

Das Französische Viertel

Johannes Gäbler kaufte 1872 rund 152 Morgen Land südlich der Berliner Allee, zwischen Gürtel- und Lichtenberger Straße (heute Indira-Gandhi-Straße). Seine „Baugesellschaft für Mittelwohnungen" errichtete an den neu angelegten Straßen primitive Wohnhäuser ohne Wasseranschluss. Die Straßennamen wählte man nach Orten aus, die im gerade beendeten Deutsch-Französischen Krieg eine Rolle gespielt hatten. So entstand das Französische Viertel (heute Komponistenviertel). Blick von der Berliner Allee in die Elsaßstraße (heute Mahlerstraße).

Am Ende der Lothringenstraße (heute Herbert-Baum-Straße) befindet sich der am 9. September 1880 eingeweihte Friedhof der Jüdischen Gemeinde. Das in der Bildmitte um 1900 zu sehende Friedhofsportal und die Trauerhalle wurden nach Plänen von Hugo Licht erbaut. Heute gilt der Friedhof als größter jüdischer Bestattungsort in Europa.

Foto der Lothringenstraße (heute Herbert-Baum-Straße) mit Blickrichtung Metzstraße (heute Gounodstraße), um 1930. Rund um den jüdischen Friedhof hatten sich viele Steinmetzbetriebe niedergelassen, die mit ihren Musterstücken in den Vorgärten für „Moderne Grabkunst" warben.

Der Friseurmeister Otto Mewes eröffnete um 1905 in der Lothringenstraße 3 (heute Herbert-Baum-Straße 6) sein Geschäft. Sein auf dem Foto zu sehender Haarschneidesalon warb am Schaufenster mit „Rasirfrisir“.

In der Lothringenstraße 31 (heute Herbert-Baum-Straße 29) betrieb der Bäckermeister August Kempe Conditorei und Café „Zur Erholung“. Gleichzeitig Eigentümer des Hauses, lud er in einen schönen Vorgarten zum Verweilen ein.

Weißensee wuchs, auch das Französische Viertel breitete sich immer weiter aus. Zunächst wurden schlecht ausgestattete Mietskasernen ohne Wasser- und Gasanschlüsse gebaut, die man später nachrüstete. Vermehrt entstanden nun auch repräsentative Bauten, wie diese am Lindenplatz (heute Solonplatz). Aufnahme von 1916.

Der Lindenplatz (heute Solonplatz) wurde im Zuge der Lindenallee zwischen Sedanstraße (heute Bizetstraße) und Straßburgstraße (heute Meyerbeerstraße) um 1910 angelegt. Die Aufnahme von 1916 zeigt die Sedanstraße (heute Bizetstraße) an der Ecke zur Lindenallee. Zwischen 1937 und 1947 hieß er Preiserplatz, nach einem Kameradschaftsführer der Hitlerjugend.

Foto des Damen- und Herren-Friseur-Geschäfts von Paul Klitsche in der Lindenallee 57, anno 1909.

1875 wurde die Sedanstraße (heute Bizetstraße), die ihren Namen in Erinnerung an die Schlacht bei Sedan erhielt, für öffentlich erklärt. In der aus dem Jahr 1918 stammenden Aufnahme sind die für diese Straße typischen kleinen Vorgärten zu erkennen.

Die Sedanstraße 83 (heute Bizetstraße 99) in einem Foto von 1927. Hier befand sich das Pelzhaus Möwe des Kürschnermeisters Hermann Schwenn. Im Souterrain betrieb Hermann Meyer eine Jalousien-Werkstatt. Die Toreinfahrt weist auf die im Hof befindliche Möbelfabrik von Hermann Plötz hin. Links im Bild ist vor der Hausnummer 84 ein Bauzaun zu sehen.

An der Sedanstraße / Ecke Weissenburgstraße (heute Bizetstraße / Ecke Rossinistraße) betrieb der Gastwirt Friedrich Vielitz das „Restaurant zur Mühle“. Aufnahme von 1905.

Foto der Gebäude Sedanstraße 71 (heute Bizetstraße 127) von 1915. Die Ankunft des Kutschwagens mit der Kohlenlieferung wurde wohl zum Anlass genommen, sich vor der Bäckerei und Milchhandlung Huske in Pose zu bringen. Links im Bild die Kolonialwarenhandlung von Leopold Flick.

Wo genau dieses Foto von 1925 entstand, ist unbekannt. Jedoch zeigt es den „Ein-PS-Lieferservice" des Fischkonservenhändlers Rudolf Wulkau aus der Sedanstraße (heute Bizetstraße).

Die Holzbearbeitungsfabrik und Baugesellschaft mbH von Gustav Kropp war in der Straßburgstraße 89/90 (heute Meyerbeerstraße 43) beheimatet.

Schon besser motorisiert posierten die Mitarbeiter der „Definitiv"-Kontrollbuchhaltung GmbH im Jahre 1932 auf dem Gelände der Sedanstraße 44–46 (heute Bizetstraße 96–100).

Erst 1929 wurde die Mutziger Straße angelegt und bebaut. Sie erhielt ebenfalls den Namen einer französischen Stadt im Elsassgebiet. Neben der Benfelder Straße ist die Mutziger Straße die einzige, die noch heute an das Französische Viertel erinnert und nicht wie die anderen Straßen des Viertels im Jahre 1951 nach Komponisten umbenannt wurde.

An der Wörthstraße 20 (heute Smetanastraße 53) errichtete der Verein „Jüdische Arbeiterkolonie“ zum Zwecke der Beschränkung der Wanderbettelei und Hebung der wirtschaftlichen und moralischen Stimmung der jüdischen Armen ein Asyl. Hier arbeiteten die Kolonisten und erlernten neue Berufe, bis man sie woanders unterbringen konnte. Aufnahme um 1915.

Beim Ort Wörth im Unterelsass fand am 6. August 1870 die bedeutendste Schlacht im Deutsch-Französischen Krieg statt. Die Aufnahme von 1906 zeigt die Wörthstraße (heute Smetanastraße) mit Blick Richtung Königschaussee (heute Berliner Allee). Rechts ist die Schule zu sehen.

Die Wörthstraße 11 / Ecke Straßburgstraße (heute Smetanastraße 24 / Ecke Meyerbeerstraße) in einer Aufnahme von 1914. Paul Mund verkaufte in seiner Papierwarenhandlung auch Schulbücher, da sich gegenüber seinem Geschäft die Schule befand.

Ebenfalls zum Französischen Viertel zählt die Kronprinzenstraße (heute Borodinstraße). Die Straße wurde in den Gründerjahren um 1872 nach dem damaligen Kronprinzen Friedrich Wilhelm benannt. Jener befehligte im Deutsch-Französischen Krieg die Dritte Armee. Das Foto von 1915 zeigt die Hausnummer 14 (heute 5) mit der Bettgestellfabrik des Tischlermeisters Konitzer.

Die Kronprinzenstraße 9 (heute Borodinstraße 15) auf einem Foto von 1909. Der Handelsmann Wilhelm Nitz bot in seiner Materialwarenhandlung neben Obst, Gemüse und Backwaren auch zweimal täglich frisch gelieferte Milch an.

Die Grenze des Französischen Viertels (heute Komponistenviertel) und gleichzeitig auch die von Weißensee zu Berlin (heute zum einstigen Bezirk Prenzlauer Berg) ist die Gürtelstraße. An deren Ende befand sich eine Kleingartenkolonie namens „Feldschlösschen", hier in einer Aufnahme von 1934.

In der Gürtelstraße 8 führte die katholische St.-Josefs-Gemeinde ein Kinderheim, einen Hort und eine Spielschule. Da wegen Überbelegung ein Neubau notwendig war, rief man mit einem Gedicht zu Spenden auf. „Einen Neubau auszuführen, ist bei unsrer Armut hart, denn die Meister kalkulieren 50.000 Mark. Edlen Freunden wir vertrauen, mögen sie uns helfen bauen."

5

Das Dorf Weißensee

Die Lichtenberger Straße (heute Indira-Gandhi-Straße) im Jahre 1903. Die Aufnahme zeigt den Blick in Richtung Berliner Allee, etwa von der heutigen Hansastraße aus. Die Seite links im Bild gehört zu Neu-Weißensee, die gegenüber zum alten Dorf.

Das Restaurant Max Jürgens in der Lichtenberger Straße 96 (heute Indira Gandhi-Straße) in einer Aufnahme von 1903. Die Bewohner des Dorfes Weißensee waren oftmals Landwirte, hatten Höfe und hielten Vieh. So auch Max Jürgens, der auf seinem Hof Schweine mästete und das Gasthaus als Zubrot eröffnete.

Durch Übernahme der Brauerei Gabriel & Richter am 1. Januar 1920 kam die Berliner Kindl Brauerei Aktien Gesellschaft nach Weißensee. Das Werk in der Lichtenberger Straße (heute Indira-Gandhi-Straße), geführt als III. Abteilung des Stammwerkes Neukölln, wurde ausgebaut und so zu einer der wichtigsten Produktionsstätten in Weißensee.

Lichtenberger Straße / Ecke Sedanstraße (heute Indira-Gandhi-Straße / Ecke Bizetstaße) mit dem Restaurant und Café von Max Manzke. Er bezog seine verschiedenen Biersorten von der naheliegenden Kindl Brauerei. Foto von 1937.

Um 1930 entstand das Foto der St.-Josephs-Heilanstalt und der St.-Josephs-Kapelle in der Gartenstraße. Dort kauften die Alexianerbrüder 1888 einen Bauernhof. Sodann wurde mit der Planung einer Niederlassung für die katholische Ordensgemeinschaft zum Zweck der Krankenpflege begonnen. Die Einweihung der Heilanstalt fand 1892 statt, die Kapelle wurde 1910 geweiht.

Die Alexianerbrüder sehen den Dienst am Menschen als Teil des kirchlichen Auftrags, insbesondere helfen sie den Armen, den Kranken und Sterbenden, den Außenseitern und Machtlosen. So war ihr Krankenhaus von Anfang an eine Pflegeanstalt für psychisch Kranke. Noch heute ist es ein Fachkrankenhaus für Neurologie und Psychiatrie. Ansichtskarte von 1910.

Die erst 1915 angelegte Buschallee wurde nach dem Geheimen Oberregierungsrat Dr. Felix Busch benannt, der Landrat des Kreises Niederbarnim war. Das Foto von 1937 zeigt den Blick von der Berliner Allee in die Buschallee.

Bruno Taut, herausragender Architekt des Neuen Bauens, löste die Probleme des sozialen Wohnungsbaus mit ästhetischen Ideen. Nach seinen Entwürfen wurden zwischen 1928 und 1930 die Wohnbauten in der Buschallee errichtet. Es entstand eine Wohnsiedlung mit großen Höfen und Grünflächen. Das Foto um 1935 zeigt, dass auch an Einkaufsmöglichkeiten gedacht wurde.

Die Falkenberger Straße im Jahre 1910. Hier lässt sich der dörflichen Charakter Weißensees anhand der vielen kleinen Häuser, meist mit Höfen, noch gut erkennen. Landwirtschaft und Viehhaltung dienten dem Broterwerb.

Das Restaurant „Zu den vier Grenzen“ in der Falkenberger Straße 88 direkt an der Feldmark zu Hohenschönhausen in einer Aufnahme von 1913. Hermann Rokes Haus bildete die Grenze zur Nachbargemeinde. Da auch die Flurgrenzen von Malchow und Wartenberg in der Nähe verliefen, war der Gastwirt zu dem Namen inspiriert.

Schwer beladen steht der Wagen auf dem Hof des Gärtnereibetriebes von Emil Huckwitz in der Falkenberger Straße 53. Das Foto von 1914 zeigt die zur Auslieferung bereitstehenden Blumen und das Gemüse.

In der Falkenberger Straße 152 befand sich Carl Mietkes Gartenrestaurant zur Erholung. An die Gastwirtschaft war ein Sportplatz angeschlossen, den der 1896 gegründete Arbeiter-Turnverein nutzte. Im Verein konnte man nicht nur turnen, es gab auch Abteilungen für Leichtathletik oder Ballsportarten.

Nach Plänen von Carl James Bühring wurde auf einem Gelände, das zur Falkenberger Straße (heute Hansastraße) gehörte, ein kommunales Säuglingskrankenhaus gebaut. Die Einweihung fand am 8. Juli 1911 statt. Es war gleichzeitig das erste seiner Art in ganz Preußen.

Die Eröffnung des Säuglingskrankenhauses wurde gleich zum Anlass genommen, um auf dem Nachbargrundstück den Grundstein für den Bau eines Säuglingsheims zu legen, das ab 1913 zur Verfügung stand. Zum Komplex um das Säuglingskrankenhaus gehörte auch ein Musterkuhstall, der die benötigte Milch lieferte.

Auf dem Gebiet von Neu-Weißensee hatten Bodenspekulanten für rege Bautätigkeit gesorgt. Nun begannen auch die Bauern im alten Dorf Weißensee Teile ihres Grundbesitzes zu verkaufen. So entstand ein von der Malchower Feldmark, Berliner Allee und Falkenberger Straße begrenztes Gebiet, das spätere Moselviertel. Die Aufnahme von 1916 zeigt die Wohngebäude der Trierer Straße / Ecke Bernkasteler Straße.

Auch für die Bildung der Kinder wurde im wachsenden Ort Weißensee etwas getan. Nach Plänen von Carl James Bühring entstand an der damaligen Straße 28 (seit 1913 Bernkasteler Straße, benannt wie alle Straßen dieses Viertels nach an der Mosel liegenden Ortschaften) zwischen 1908 und 1910 eine Schule, die nicht mehr im typischen Kasernenstil gebaut, sondern modern und freundlich gestaltet wurde. Foto von 1911.

Die Trarbacher Straße in einer Aufnahme von 1916. In der Hausnummer 2 betrieb der Gastwirt Ernst Bauer sein Restaurant „Zum elektrischen Funken“. Die im Nebenhaus untergebrachten Soldaten der Genesungs-Kompanie des 1. Garde-Reserve-Regiments waren vermutlich stets gute Gäste.

Die voranschreitende Elektrifizierung sowie immer neue und größere Triebwagen ließen das Straßenbahndepot im Dreieck Große Seestraße / Rennbahnstraße zu klein werden. Ein neuer Betriebshof wurde 1912 in der Bernkasteler Straße eröffnet. Aufnahme von 1915.

Die Neue Berliner Pferdebahn Gesellschaft wurde im Jahre 1900 von der Großen Berliner Straßenbahn übernommen. Sie führte das Depot als Betriebshof XXII. Nach der Fertigstellung des neuen Betriebshofes in der Bernkasteler Straße präsentierten sich die Mitarbeiter auf dem Foto von 1912 als Bahnhof 22/Weißensee.

Vereine prägten das öffentliche Leben, so auch der Verein des Berliner Straßenbahn-Bahnhofs 22 vom 27. August 1922. Dessen Leitsätze waren: „Brüder reicht die Hände zum Bunde“ und „Durch Wahrheit zur Freiheit“.

Schon 1877 gründete sich in Weißensee ein Schützenverein. Auf einem Grundstück an der heutigen Piesporter Straße, etwa in Höhe der Feldtmannstraße, wurden ein Schießplatz und ein Schützenhaus angelegt. Durch weitere Neu- und Umbauten entstand auch die in einer Aufnahme von 1930 zu sehende Gastwirtschaft von Emil Schmidt.

An Heinrich Feldtmann erinnert die Feldtmannstraße, die seit 1900 seinen Namen trägt. In der Hausnummer 11–13 befand sich die Gärtnerei von Emil Müller. Foto von 1914.

Das Foto von 1940 zeigt den Ausschank der Berliner Kindl Brauerei von Emil Jacob in der Feldtmannstraße 143 / Ecke Piesporter Straße.

6

Südlich der Langhansstraße

Die Lehderstraße wurde 1891 nach Friedrich Lehder benannt. Der Pflastersteinhändler stellte von seinen Gewinnen, die er bei der Befestigung von Straßen in Weißensee erzielte, der Gemeinde Geld zur Verfügung, die damit Weihnachtsgeschenke für bedürftige Kinder kaufen sollte. Zu sehen ist die Kolonialwarenhandlung von Roman Domanski in der Lehderstraße 3 im Jahre 1910.

Die Ecke Lehderstraße 5 und Friedrichstraße (heute Börnestraße) um 1910. Hier betrieb der Gastwirt Franz Content sein Restaurant.

Zwischen Wilhelmstraße (heute Behaimstraße) und Goethestraße, begrenzt von der Lehder- und Langhansstraße, legte der Fabrikant Carl Ruthenberg ein Gewerbegebiet an. Die Aufnahme von 1905 zeigt die Lehderstraße mit der rechts im Bild zu sehenden Goldleistenfabrik, die hier als erste entstand.

Noch einmal im Ruthenberg'schen Gewerbegebiet. Carl Ruthenberg war ein Pionier der Industrialisierung von Weißensee. Er ließ nicht nur die Gewerbehöfe erbauen, die dann an Unternehmen vermietet wurden, sondern sorgte auch für eine entsprechende Infrastruktur. So baute er das Elektrizitätswerk in der Großen Seestraße, das später die Gemeinde von ihm erwarb.

In der Lehderstraße 94, zwischen Goethe- und Roelckestraße, betrieb Gustav Bunzel eine kleine Gastwirtschaft. Das Foto von 1912 zeigt ihn mit seinen Gästen.

Offenbar wurden für das Foto von 1907 alle Kinder aus der Nachbarschaft zusammengetrommelt. Gemeinsam stehen sie vor dem Restaurant von Gottlieb Faustmann in der Lehderstraße 120. Rechts daneben befand sich das Woll- und Wäschegeschäft von Robert Schlanow.

Einige Jahre später, um 1914, zeigt uns dieses Foto erneut junge Weißenseer in der Lehderstraße, diesmal vor dem Gebäude 50/51. Hier befanden sich die Betriebe des Dachdeckermeisters und des Gerüstverleihers Ernst Arndt.

Die Lehderstraße / Ecke Roelckestraße im Jahre 1935. Rechts im Bild befindet sich im Eckhaus die Zigarrenhandlung von Paul Buchweitz, daneben die Bäckerei von Karl Zühlke.

In der Streustraße 12/13, benannt nach Wilhelm Carl Streu, einem Mitglied der Weißenseer Gemeindevertretung, befand sich die Möbelfabrik von Herzig & Banemann. Dem Foto von 1912 nach zu urteilen, muss es sich um ein größeres Unternehmen gehandelt haben, da sich dem Betrachter eine beachtliche Belegschaft präsentiert.

Die Langhansstraße, benannt nach Johann Eduard Langhans, dem Bevollmächtigten und Verwalter des Weißenseer Gründervaters Gustav Adolf Schön, an der Ecke zur Wilhelmstraße (heute Behaimstraße). Da, wo heute nur noch eine Wiese vorhanden ist, zeigt die Aufnahme von 1912 ein Eckhaus mit dem Restaurant von Johann Rahn.

Für dieses Foto von 1907 sind die Mieter der Langhansstraße 21 zusammengekommen. Auf dem Hof befand sich die Möbelfabrik von Adolf Illgen. An der Tür befindet sich eine Werbetafel des Schuhmachers Carl Liebich, der seine Dienste anbot.

Auch das Haus an der Langhans- / Ecke Roelckestraße steht heute nicht mehr. Eigentümer des Hauses auf der rechten Seite des Bildes von 1917 war der Gastwirt Gustav Rechber, der das Restaurant aber verpachtete.

Das auf der anderen Seite der Langhansstraße liegende Haus gehörte ebenfalls Gustav Rechber. An der Ecke zur Roelckestraße betrieb er selbst eine Groß-Destillation. Sein Schultheiß-Bier-Ausschank „Zur Sonne“ bestand noch bis in die 1990er-Jahre. Trotz mehrfachem Besitzerwechsel war dies eine bekannte Weißenseer Eckkneipe. Foto von 1915.

Auf dem Gebiet von Neu-Weißensee gab es 1880 nur ein Schulhaus, nämlich das Gebäude an der Langhans- / Ecke Roelckestraße, hier links auf der Abbildung. Da die Bevölkerung sehr schnell anwuchs, musste eine neue Schule gebaut werden. So entstand um 1890 das im Kasernenstil gebaute Schulhaus in der Langhansstraße (Bildmitte). Wie die Uniformierten im Bildvordergrund vermuten lassen, wurde die Schule zwischen 1915 und 1919 auch als Kaserne genutzt.

In der Langhansstraße 110 befand sich die Fleisch-Centrale Weissensee des Fleischermeisters Paul Stiebitz. Foto von 1924.

Die Aufnahme von 1928 zeigt das Geschäftshaus Langhansstraße 106. Hier betrieb Hermann Lössel die „Lössel Festsäle“, in denen Sangesdarbietungen seinen Ausschank ankurbeln sollten. Ganz links im Bild ein Hinweis auf die Tischlerei von Else Thiede im Nachbarhaus 107.

Die Kolonialwarenhandlung in der Langhansstraße 139 auf einem Foto von 1914. Hier bot der Kaufmann Erich Thiel Mühlenfabrikate, Kaffee, Butter und Delikatessen an. Rechts im Bild die Werbetafeln des Drogisten Fritz Thüssing in Nr. 138.

Ganz modern ging es in der Langhansstraße 147 zu. Wie das Foto von 1908 zeigt, konnte man hier in der Buch- und Musikalienhandlung von Berthold Würzburg in- und ausländische Modezeitungen erwerben. Links im Bild das Kolonialwarengeschäft von Marie Imme.

Die Filiale der „Nordstern“-Butterhandlung in der Langhansstraße 6 auf einem Foto von 1929. Neben Butter wurde auch Kaffee der Hausmarke verkauft. Rechts zu sehen die Toreinfahrt zur Autowerkstatt von Franz Dressler.

7

An der Weißenseer Spitze

Die Weißenseer Spitze ergab sich aus den Grenzen von Berlin (Bezirk Prenzlauer Berg), Pankow und Weißensee. Deren Schnittpunkt an der Chaussee von Berlin nach Prenzlau bildete Dreiecke, wobei eines besonders „spitz" war. Als „Spitze" bezeichnen auch heute noch die Einwohner Weißensees die Gegend um die Einmündung der Heinersdorfer- und der Gustav-Adolf-Straße auf die Prenzlauer Promenade. Die Aufnahme von 1910 entstand an der Uckermarkstraße / Ecke Heinersdorfer Weg (heute Prenzlauer Promenade / Ecke Heinersdorfer Straße).

Arbeiter im Jahre 1912 beim Befestigen des Gleisbettes für die Straßenbahn an der Wisbyer Straße / Ecke Prenzlauer Promenade. Links der Blick in die Prenzlauer Promenade mit dem an der Spitze zur Heinersdorfer Straße liegenden Restaurant Adam und der dahinter gelegenen Brotfabrik. Rechts zu sehen das Gebäude zwischen Heinersdorfer Straße und Gustav-Adolf-Straße mit der Straußfedernfabrik von Paul Neue.

Das Foto von 1935 zeigt die Delphi-Lichtspiele GmbH auf der Gustav-Adolf-Straße an der Ecke zur Prenzlauer Promenade. Der 1930 eröffnete Filmpalast verfügte über 874 Sitzplätze, überstand den Zweiten Weltkrieg unbeschadet, musste aber 1962 wegen Baumängeln schließen.

Zwischen Langhans- und Brauhausstraße betrieb der Bäckermeister Joseph Spiller auf der Prenzlauer Promenade 20 seine Brot- und Kuchen-Bäckerei. Foto von 1914.

Emil Voigt's Restaurant in der Heinersdorfer Straße 35 auf einem Foto von 1925. Voigt bot auch Biere aus Weißensee an, nämlich das in der Lichtenberger Straße (heute Indira-Gandhi-Straße) gebraute Berliner Kindl.

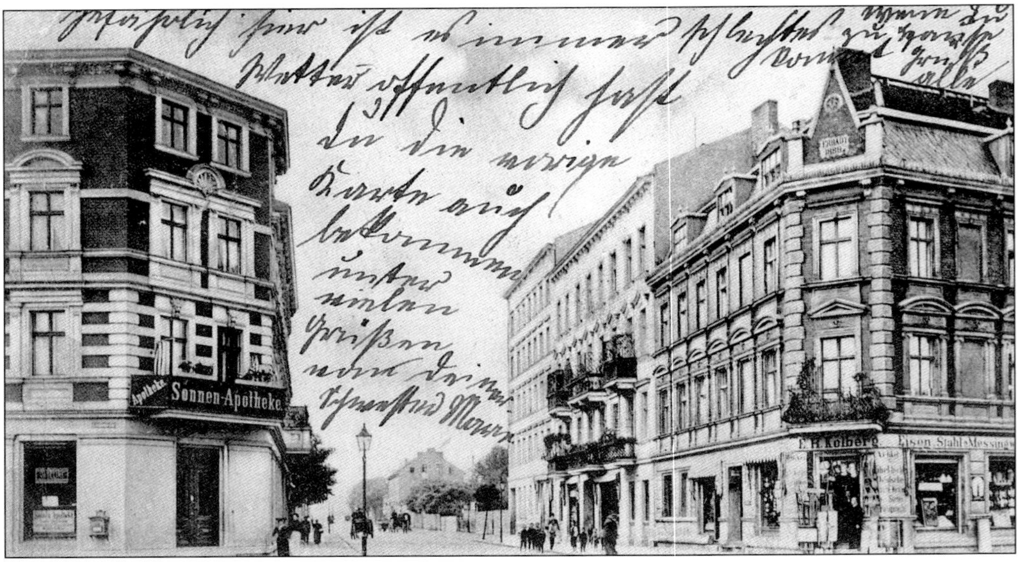

Blick in den Heinersdorfer Weg (heute Heinersdorfer Straße) in Richtung „Spitze", von der Ecke Langhansstraße aus. Links im Eckhaus befindet sich nach wie vor eine Apotheke. Hans Kaehler führte hier einst die Sonnen-Apotheke. Rechts in der Aufnahme von 1904 die Eisenwarenhandlung von Edmund Kolberg.

Das Foto von 1910 zeigt den Hof des Hauses Heinersdorfer Straße 33b, in dem der Tischlermeister Paul Dorn eine Möbelfabrik hatte.

In Haus Gustav-Adolf-Straße 9, gelegen zwischen Lehder- und Streustraße, befanden sich das Restaurant von Paul Schlüter, links auf dem Foto von 1908, sowie die Zigarrenhandlung von Gustav Klinger, rechts im Bild.

Im Jahre 1935 entstand diese Aufnahme der Groß-Destillation „Zur Spitze“ von Louise Gaulke. Sie befand sich an der Straßenbahnhaltestelle in der Gustav-Adolf-Straße vor dem Haus 169 nahe Prenzlauer Promenade. Links im Bild die Kolonialwarenhandlung von Clara Mehlis.

Die Papier- und Schreibwarenhandlung von Louise Gurth in einem Foto von 1923. Sie befand sich in der Gustav-Adolf-Straße 148 und bot noch zusätzlich den Service einer Buchbinderei an.

Wieder waren die Kinder der umliegenden Häuser herbeigelaufen, um sich auf diesem Foto von 1910 verewigen zu lassen. Sie postierten sich vor dem Haus in der Gustav-Adolf-Straße 152. Ganz rechts die Seifenhandlung Rudolph Tubandt, die von Pächterin Antonie Kastner geführt wurde, daneben die Zigarrenhandlung von Ottilie Liebschwager. In der Toreinfahrt befindet sich ein Hinweis auf die Molkerei von Johann Isner.

Aus Richtung Antonplatz kommen die Pferdefuhrwerke die Langhansstraße hinauf. Die Aufnahme von 1903 zeigt die Kreuzung mit der Gustav-Adolf-Straße. Anders als heute führten die Straßenbahngleise damals direkt zur „Spitze“. Links im Bild ist die Kolonialwarenhandlung von Bernhard Pastorino zu sehen, rechts das Kaufhaus von Alex Hirsch.

Das Foto zeigt das Eckhaus des einstigen Kaufhauses Hirsch 30 Jahre später. Aus welchem Grund der Lastwagen von der Straße abkam, ist unbekannt. Die Feuerwehr vor Ort kümmerte sich um das verunfallte Fahrzeug. Rechts geht der Blick von der Langhans- / Ecke Gustav-Adolf-Straße zur „Spitze“. Auch hier ist zu sehen, dass die Schienen von der Langhansstraße direkt in die Gustav-Adolf-Straße einbogen. Zudem sieht man eine Straßenbahnverbindung, die es einst vom Hamburger Platz kommend gab.

Anlässlich der Feier „75 Jahre Trumpf Schokoladenwerke Aachen und Berlin“ entstand diese Luftbildaufnahme der Weißenseer Zweigfabrik aus dem Trumpf-Luftschiff im Jahre 1932. Hinter dem Fabrikgelände ist die Kleingartenkolonie „Grüne Wiese“ zu erkennen.

Der Aachener Apotheker Leonard Monheim entdeckte die Köstlichkeit Schokolade bei Auslandsreisen und begann nach seiner Rückkehr 1857 mit der Produktion von „Gesundheits-Schokolade“. Um die Nachfrage zu befriedigen, schuf er bald die erste Fabrik in Aachen, ab 1921 das auf dem Foto zu sehende Zweigwerk in Weißensee an der Gustav-Adolf-Straße 129–131.

8

Entlang der Charlottenburger Straße

An der Charlottenburger Straße betrieb Hermann Roelcke seine Bodenspekulationen. Da er sein hierfür eingesetztes Kapital mit einer Gärtnerei in Charlottenburg gemacht hatte, gab er der 1875 angelegten Straße jenen Namen. Die Aufnahme um 1910 zeigt sie erst einseitig bebaut zwischen Roelcke- und Friesickestraße.

1931 wurde der hier einmündende Ettersburger Weg angelegt. In der Charlottenburger Straße 37, rechts im Bild, ist die Papier- und Schreibwarenhandlung von Georg Borchart zu sehen, in der dieser auch Bücher verlieh. Foto von 1940.

Modernes Bauen auch am Ettersburger Weg / Ecke Eilveser Straße. In den 1930er-Jahren entstanden hier abgeschlossene Wohnungen mit Innentoiletten. Wie das Foto von 1933 zeigt, ist erst eine Straßenseite fertiggestellt. An der Stelle, wo sich der Fotograf seinerzeit befand, entstanden kurze Zeit später baugleiche Wohnhäuser.

Das Haus Charlottenburger Straße 79 auf einem Foto von 1912. Hier bot der Malermeister Carl Bohn seine Dienste an. In dem Haus befand sich auch die Landbrot-Bäckerei von Hermann Dahm, der seine Waren zu Engros-Preisen frei Haus lieferte.

Auch der Bäckermeister Paul Hischer, der seine Landbrot-Bäckerei in der Roelckestraße 161 betrieb, lieferte direkt ins Haus. Hier bringt er gerade seine frische Ware zum Schuhmachermeister Gustav Stanelle in die Charlottenburger Straße 97. Foto von 1920.

Unweit der Kreuzung zur Charlottenburger Straße befand sich in der Friesickestraße 28 die Waschanstalt von Karl Prüfert, hier in einer Aufnahme von 1915. Die Straße wurde nach Adolph Friesicke benannt, der in den Gründerjahren Grundbuchrichter am königlichen Kreisgericht war. Alle Grundstückskäufe in Weißensee gingen durch seine Hände.

Viele Menschen katholischen Glaubens ließen sich in Weißensee nieder. 1886 wurde im Haus Friedrichstraße 15 (heute Börnestraße) eine Etage zur Abhaltung von Gottesdiensten angemietet. Im folgenden Jahr errichtete man auf dem unbebauten Nachbargrundstück eine Wellblechkapelle. Aufnahme von 1899.

Die Wellblechkapelle reichte für die stetig wachsende Gemeinde schon bald nicht mehr aus. So musste Geld für die Errichtung einer Kirche gesammelt werden. Besonders hervorgetan hat sich dabei der Pfarrverwalter Dr. Stephan. Er verkaufte selbst verfasste Bücher, und so kam die benötigte Summe schnell zusammen. Der Grundsteinlegung 1898 folgte schon am 6. Juni 1899 die Weihe der St.-Josephs-Kirche in der Wilhelmstraße (heute Behaimstraße). Ihr 75 Meter hoher Turm ist noch heute weithin sichtbar.

Gleich links neben der Kirche errichtete die St.-Josephs-Gemeinde ein Schulhaus. Nach dessen Fertigstellung im Jahre 1906 wurden dort die 4. und 6. Gemeindeschule untergebracht.

Das Foto von 1919 zeigt das nahe der Charlottenburger Straße liegende Haus Wilhelmstraße 22 (heute Behaimstraße 48). Hier führte der Kaufmann Karl Mertin ein Einrichtungshaus.

An der Charlottenburger- / Ecke Gäblerstraße (heute Max-Steinke-Straße) betrieb Fritz Handschick das Restaurant „Zum guten Happen-Pappen“. Als diese sehr frühe Aufnahme 1905 entstand, war das Eckhaus das einzige in dieser Gegend zur Parkstraße.

In der Charlottenburger Straße 5 war eine Feuerwache untergebracht. Weißensee verfügte bis 1939 nur über eine freiwillige Feuerwehr. Diese wurde am 4. April 1884 gegründet. Man begann mit 20 Bürgern und hatte nicht einmal eine Ausrüstung. Spenden mussten gesammelt werden. Diese kamen auch reichlich, insbesondere von den Hausbesitzern und Gewerbetreibenden.

Beide Fotos entstanden 1934 zum 50. Jahrestag der Gründung der Freiwilligen Feuerwehr Weißensee. Die moderne Ausrüstung erhielt sie in den Jahren 1929 bis 1932. Seit 1933 gehörte man als Lösch- oder Halblöschzug der Berliner Feuerwehr an, immer noch als Freiwilligenwehr, aber nun ohne Sorge um die Ausstattung. Der alte Standort wurde 1939 aufgegeben, die neue Feuerwache befindet sich seitdem in der Parkstraße 38/39.

Das 1916 eröffnete Kaiserliche Postamt Weißensee an der Charlottenburger- / Ecke Tassostraße, hier in einer Aufnahme von 1919, dient noch heute seiner Bestimmung. Rechts im Bild der Schultheiss-Bier-Ausschank von Wilhelm Stärke.

Die Tassostraße, benannt nach dem italienischen Dichter Torquato Tasso, wurde 1910 angelegt. Die Aufnahme von 1925 zeigt den Straßenabschnitt zwischen Berliner Allee und Charlottenburger Straße. Durch Luftangriffe im Zweiten Weltkrieg sind die im Bild zu sehenden Gebäude größtenteils zerstört worden.

9

Rund um den Mirbachplatz

Der Mirbachplatz, auf dessen Mitte die Bethanienkirche steht, bekam seinen Namen anlässlich des Richtfestes für die besagte Kirche im Jahre 1902. Ernst Magnus Freiherr von Mirbach war Oberhofmarschall der Kaiserin Auguste Victoria und Mitglied des General-Synodalrates der evangelischen Kirche. Er bewilligte der Gemeinde Neu-Weißensee finanzielle Zuschüsse für den Kirchenbau auf dem Cuxhavener Platz. Letzterer bekam dafür seinen Namen.

Vom Antonplatz führt die Gäblerstraße zur Bethanienkirche. Dieser Teil der Gäblerstraße wurde 1918 in Max-Steinke-Straße umbenannt. Fabrikant Max Steinke betrieb hier eine Fischräucherei. Da er 50 Prozent der Kosten für die Pflasterung der Straße übernahm, erhielt er durch die Umbenennung schon zu Lebzeiten sein Denkmal. Aufnahme von 1906.

Die Aufnahme von 1912 zeigt die Gäblerstraße (heute Max-Steinke-Straße) / Ecke Mirbachplatz. Im Eckhaus in der Mitte des Bildes befand sich das Restaurant von Georg Schirmer. Rechts im Bild die Zigarrenhandlung von Paul Fiebig.

In der Gäblerstraße 7 (heute Max-Steinke-Straße) betrieb Robert Scherfchen eine Grünkramhandlung, in der er u. a. auch Kartoffeln und Heringe anbot. Foto von 1915.

Der Mittelpunkt des evangelischen Gemeindelebens befindet sich im Gemeindehaus am Mirbachplatz. Das 1908/09 von Baumeister Heinrich Otto Hoffmann errichtete Gebäude wurde während des Zweiten Weltkriegs, im Gegensatz zur Bethanienkirche, von den Bomben verschont und kann so noch heute von der Gemeinde genutzt werden.

Die vereinigte Vorstadtgemeinde Weißensee wollte das Stadtrecht erlangen. Um dem Vorhaben Nachdruck zu verleihen, sollte ein repräsentatives Forum entstehen. Der Gemeindevorsteher Dr. Carl Woelck bestellte 1906 den Architekten Carl James Bühring zum Gemeindebaurat. Nach dessen Plänen entstand das Munizipalviertel an der Pistoriusstraße. Der Siedlungsname „musste" ein lateinisches Wort enthalten, was soviel wie „die Gemeinde betreffend" bedeutet. Aufnahme von 1915.

Die sowohl in der Formgestaltung als auch in der Wahl der Baumaterialien streng einheitlich ausgeführten Bauten ergaben ein harmonisches Gesamtbild, in dessen Mittelpunkt die im Herbst 1908 fertiggestellte Turn- und Festhalle stand. Das Bild von 1912 zeigt die Stadthalle, die im Februar 1945 bei einem Luftangriff zerstört worden ist. Übrig blieb nur das ehemalige Restaurant an der Pistoriusstraße, das bis heute für verschiedene Zwecke genutzt wird.

Wie lieb ich dich mein Weißensee

Von W. Heiden-Heinrich

Wie lieb ich dich mein Weißensee,
Ob Sonnenglut, ob Eis und Schnee,
Genau wie unser Vater Rhein,
So sollst auch du besungen sein,
Berlin hat seine alte Spree
Und du hast deinen Weißen See.
Drum laßt uns singen,
Laßt laut es klingen:
Wie lieb ich dich mein Weißensee.

Im Jahre 1920 pachtete der gebürtige Weißenseer Wilhelm Heiden-Heinrich die Stadthalle. Er ließ selbstverfasste Theaterstücke aufführen, in denen Weißenseer Bürger eine Rolle spielten. Nicht nur darin, sondern auch durch nebenstehenden Liedtext zeigte er tiefe Verbundenheit mit seiner Heimat Weißensee.

Nicht nur Theateraufführungen gab es, sondern auch Konzerte, Tanz, Versammlungen und natürlich die Nutzung als Turnhalle. Das Foto von 1932 zeigt ein Schauturnen des Deutschen Turnerbundes Berlin. Des Weiteren luden mehrere Kegelbahnen zur sportlichen Betätigung ein.

Der von der Parkstraße bis in die Tassostraße ausgedehnte Schulkomplex an der Pistoriusstraße entstand erst 1926 bis 1928 nach Plänen von Joseph Tiedemann. Auf dem sich rechts im Bild hinter dem Bauzaun befindenden Grundstück an der Pistoriusstraße war ursprünglich die Errichtung einer neuen Feuerwache geplant, doch wurde sie dort nie gebaut.

Das ebenfalls nach Plänen von Carl James Bühring 1913 erbaute Gebäude an der Pistoriusstraße / Ecke Woelckpromenade mit seinem von Rundbögen getragenen Erker war als Ledigenwohnheim gedacht. Schon in den 1920er-Jahren wurde hier das Wohlfahrtsamt der Gemeinde untergebracht. Die sich links im Bild in die Woelckpromenade 1–7 ausdehnenden Gebäude entstanden in der gleichen Zeit und waren Wohnungen modernsten Stils: großzügig ausgestattet, mit warmem Wasser und sogar Fahrstühlen.

Vielleicht das schönste Werk von Carl James Bühring, das am 7. April 1910 eingeweihte Gymnasium am Kreuzpfuhl in der Woelckpromenade. Die Panoramaaufnahme entstand kurz nach der Einweihung und zeigt die noch fast unbebaute Umgebung des Schulhauses.

Zwischen Woelckpromenade und Schönstraße entstand, begrenzt durch die Amalienstraße, in den Jahren 1925 bis 1928 das Holländische Viertel. Der Architekt Joseph Tiedemann orientierte sich am Holländerviertel in Potsdam. Besonders eindrucksvoll sind die parkähnlichen, mit Bäumen bepflanzten Innenhöfe. Das Foto von 1935 zeigt die Straßenfront an der Woelckpromenade.

Dort, wo die Woelckpromenade in die Amalienstraße mündet, befindet sich auf der gegenüberliegenden Straßenseite das Standesamt. Das Gebäude war als Dienstwohnhaus für Rektor, Hausmeister und Heizer der neuen Volksschule geplant und wurde nach seiner Fertigstellung 1931 zunächst auch so genutzt. Ab 1935 war es Preußisches Standesamt Berlin-Weißensee.

Infolge der Bevölkerungszunahme war eine neue Volksschule nötig. Nach Plänen von Reinhold Mittmann entstand zwischen 1929 und 1931 auf dem Grundstück an der Parkstraße, zwischen Amalien- und Blechenstraße, die modernste Schule Berlins. Eine Aula mit Kino, zwei Turnhallen mit Umkleide- und Waschräumen sowie Spezialräume für Biologie, Chemie und Physik setzten neue Maßstäbe.

Die Pistoriusstraße wurde nach Johann Heinrich Leberecht Pistorius benannt, dem das Rittergut Weißensee von 1821 bis 1858 gehörte. In der Hausnummer 118b, am Mirbachplatz gelegen, betrieb Paul Gorges die im Foto von 1907 zu sehende Wiener Dampfbäckerei und Honigkuchenfabrik.

An der Pistorius- / Ecke Roelckestraße befand sich ein Ausschank der Engelhardt Brauerei von Gastwirt Paul Braun. Das Foto von 1932 mit Blickrichtung in die Roelckestraße zeigt links im Bild den Eingang zum Friedhof der St.-Georgen-Gemeinde. Der junge Mann im Vordergrund ist leider nicht bekannt.

Richard Friedmann gründete 1902 die Erste Berliner Dampf-Rosshaarspinnerei in der Pistoriusstraße 96, zwischen Generalstraße (heute Jacobsohnstraße) und Gustav-Adolf-Straße gelegen. Nach der Umwandlung in eine Aktiengesellschaft konnte man ab 1925 die Wertpapiere an der Börse handeln.

Der Gastwirt Adolf Garz führte einen Ausschank des Münchner Brauhauses in der Generalstraße (heute Jacobsohnstraße) / Ecke Charlottenburger Straße. Das Foto von 1907 zeigt ihn vor seinem Lokal.

Drewischs Bierhaus in einem Foto von 1911. In der Pistoriusstraße, an der Ecke zur Friesickestraße, betrieb die Gastwirtin Helene Drewisch ihr Restaurant. Noch heute befindet sich dort ein Ausschank.

Am Mirbachplatz / Ecke Wilhelmstraße (heute Behaimstraße) befand sich das Club-Haus von Gastwirt August Peikert. Das auf dem Foto von 1910 zu sehende Gebäude erstrahlt nach Renovierungsarbeiten heute wieder im alten Glanz.

Die Aufnahme von 1909 zeigt das Haus mit der Milchhandlung von August Schmiedeke in der Wilhelmstraße 32 (heute Behaimstraße 57). Er war nicht nur Kaufmann, sondern auch Eigentümer des Gebäudes. Die Nachbarskinder nutzten die Gelegenheit, sich gleich mit fotografieren zu lassen.

Die Oberleitungen verraten dem Betrachter, dass es einst eine Straßenbahnlinie von der Gustav-Adolf-Straße, über Pistoriusstraße und Mirbachplatz in die Schönstraße gab. Das Foto von 1910 zeigt den Mirbachplatz / Ecke Schönstraße mit der Bäckerei von Friedrich Wiedemann und der Grünkramhandlung von Karl Wernicke.

Dort, wo heute in der Schönstraße die Park-Klinik steht, befand sich seit 1885 ein Pferdemarkt. Hier wurden an Markttagen rund 2.000 Pferde angeboten. Auf dem Gelände gab es auch ein Gasthaus. 1930, als das Foto entstand, betrieb es Gustav Jänicke als „Wirtshaus zum Pferdemarkt".

Die Gemeinde Weißensee benötigte dringend ein öffentliches Krankenhaus. Man wandte sich an den Vaterländischen Frauenverein, der ebenso wie die Deutsche Rot-Kreuz-Gesellschaft seit 1890 unter dem Protektorat von Kaiserin Auguste Victoria stand. Auf dem Gelände zwischen Schön- und Roelckestraße wurde am 1. Oktober 1900 das „Auguste-Victoria-Krankenhaus vom Roten Kreuz" eingeweiht. Aufnahme von 1902.

Schon bald war das Krankenhaus zu klein. Durch Erweiterungsbauten wurden die beiden schon vorhandenen Gebäude verbunden. Die Einweihung des neuen Komplexes fand am 5. April 1913 im Beisein von Prinz August Wilhelm von Preußen (Mitte) statt. In den nächsten Jahren erfolgten weitere Umbauten. Noch heute ist das Gebäude, das viele Jahre als Poliklinik genutzt wurde, ein Ärztehaus.

Während des Ersten Weltkrieges wurde neben dem Krankenhausgelände an der Roelckestraße, auf dem zum Pferdemarkt gehörenden Grundstück, ein Kriegslazarett eingerichtet. Das Foto von 1917 zeigt Baracken und die Desinfektionsanstalt. Im Hintergrund sind die Anlagen der Gaswerke an der Gustav-Adolf-Straße zu erkennen.

Die Gasometer der Gasanstalt von der Straße 210 (dem heutigen Teil des Obersteiner Wegs, der parallel zur Gustav-Adolf-Straße verläuft) aus gesehen. Das Foto von 1933 zeigt die Gasometer, die sich an der Straße 209 (heute Günter-Litfin-Straße) / Ecke Schmohlstraße befanden.

An der Wigandstaler Straße, die 1930 nach einem heute zu Polen gehörenden Ort im niederschlesischen Regierungsbezirk Liegnitz (Isergebirge) benannt wurde, baute die Gustav-Adolf-Straße-Terraingesellschaft mbH neue moderne Wohnungen. Auf dem Foto von 1932 blickt man von der Gustav-Adolf-Straße in die Wigandstaler Straße.

Das Foto von 1933 zeigt links die Gäblerstraße. Rechts zu sehen ist die Holzkircher Straße, ebenfalls benannt nach Holzkirch, einem Ort im Isergebirge, der heute zu Polen gehört. Nach der Fertigstellung des gesamten Viertels hat der Bauträger sämtliche Wohnungen an die Wohnungsfürsorgegesellschaft mbH verkauft.

10

Spaziergang auf der Parkstraße

Die Parkstraße, von der Berliner Allee aus gesehen, im Jahre 1920. Links im Bild die Charlottenburger Straße, rechts die Parkstraße. Im Eckhaus befand sich ab 1919 die Sparkasse der Gemeinde Weißensee. Am 1. April 1908 gegründet, diente sie der Erlangung von Darlehen sowie verzinslichen Anlegung von Ersparnissen. 1924 wurde sie mit der Stadtsparkasse Berlin vereinigt.

Die Aufnahme von 1906 zeigt die Parkstraße zwischen Charlottenburger- und Pistoriusstraße. Zumeist standen hier kleine Häuser wie die sich rechts im Bild befindenden Gebäude der Hausnummern 4 und 5. Sie sind heute noch so erhalten.

Der Tauchermeister Henry Kock jun. war in der Parkstraße 6 zu Hause. Er war Bergungsunternehmer mit guten Referenzen. Sein Vater, Henry Kock sen., stellte bereits um 1880 in „Sterneckers Weltetablissement Schloss Weißensee" sein Können als Taucher unter Beweis.

Vor dem Haus in der Parkstraße 8, genauer gesagt vor seiner gerade neu eröffneten Brot- und Feinbäckerei steht Bäckermeister Friedrich Wiedemann im Jahre 1911. Bis kurz zuvor hatte er ein Geschäft in der Schönstraße / Ecke Mirbachplatz betrieben.

In der Parkstraße 105 führte Willy Schüler eine Auto- und Motorradfahrschule. Er warb mit schneller und sicherer Ausbildung auf sechs verschiedenen, modernen Lehrwagen. Außerdem führte er auch eine Reparaturwerkstatt und vermietete Garagen. Aufnahme von 1926.

Die Pistoriusstraße mit Blickrichtung Berliner Allee an der Ecke zur Parkstraße. In beiden Eckhäusern befanden sich zum Zeitpunkt der Aufnahme im Jahre 1907 Lokale. Links im Bild das Restaurant von Ernst Kerl, rechts der Ausschank von Louis Schmidt.

Zwischen Parkstraße und Woelckpromenade, im Norden vom Goldfischteich begrenzt und im Süden bis zur Pistoriusstraße ausgedehnt, war die Gärtnerei von Adolf Grille einer der bedeutendsten und modernsten Betriebe in Berlin. Das Foto von 1907 zeigt Gewächshäuser mit eigener Heizanlage.

Auf dem Grundstück Parkstraße 16 befand sich das Restaurant mit Ballsälen von Hermann Hackbusch. Bekannt als Versammlungslokal, das auch über einen Biergarten verfügte, war es durch seine Nähe zum Schlosspark stets gut besucht. Ab 1921 fanden in dem Ballsaal auch Filmvorführungen statt. Aufnahme von ca. 1920.

Bereits im Jahre 1878 gründete der evangelische Pfarrer Ernst Berendt die Stiftung Bethabara. An der Albertinenstraße erwarb er ein Grundstück und errichtete dort ein Zufluchtsheim für aus der Haft entlassene Frauen. Bis 1919 wurden durch Zukauf von Nachbargrundstücken weitere Einrichtungen geschaffen, so auch das in der Aufnahme zu sehende Parkwohnheim für Frauen und Mädchen an der Parkstraße 18.

Der in eine Parkanlage eingebettete Goldfischteich befindet sich zwischen Woelckpromenade und Parkstraße an der Amalienstraße. Amalie war eine Cousine von Gustav Adolf Schön. Sie stellte ihm Geldmittel zum Erwerb des Weißenseer Gutes zur Verfügung. Dafür bekam die Straße 1875 ihren Namen. Die Aufnahme von 1917 zeigt den Blick zur Parkstraße.

Einer weiteren Unterstützerin des Gründervaters Gustav Adolf Schön ist die Albertinenstraße gewidmet. Albertine Louise Stenersen war eine Jugendfreundin Schöns und später seine Schwägerin. Auch sie unterstützte ihn finanziell. Die Straße ist hier im Jahre 1918 von der Berliner Allee aus zu sehen.

Für die Bethabara-Beth-Elim-Stiftung von Pfarrer Ernst Berendt sen. brach während des Nationalsozialismus eine schwere Zeit an. Seit dem Tod des Vaters im Jahre 1919 leitete Pfarrer Ernst Berendt jun. die Stiftung, bis er 1940 „weggelobt" wurde und schließlich 1942 im KZ Dachau starb. 1936 war man gezwungen, drei Häuser des Stiftungsgeländes an die NS-Studentenschaft abzutreten. Das Foto des Studentenheimes an der Albertinenstraße stammt von 1939.

Die Aufnahme von 1911 zeigt die Parkstraße 28 (heute 35) zwischen Amalienstraße und Großer Seestraße. Links im Bild ist die Kolonialwarenhandlung von Julius Köhler zu sehen. Auch der Briefträger in seiner Dienstuniform steht vor dem Geschäft.

Auf dem Gelände der Parkstraße 38/39 entstand 1938 die neue Feuerwache. Hier zog die Berufsfeuerwehr ein. Weißensee bekam den Löschzug der aufgegebenen Berliner Feuerwache an der Fischerbrücke. Bis dahin hatte Weißensee nur eine freiwillige Feuerwehr, die nun, nach Jahrzehnten der Opferbereitschaft, nicht mehr gebraucht wurde. Foto von 1939.

Das zwischen 1904 und 1906 nach Plänen von Paul Thoemer und Rudolf Mönnich gebaute Amtsgericht an der Parkstraße wurde am 1. Juni 1906 eröffnet. Die Kosten des Baus trug die Gemeinde. Sie vermietete das Gebäude aber an die Justizverwaltung, die dann auch für die Inneneinrichtung sorgen musste.

Gegenüber dem Gerichtsgebäude, an der Park- / Ecke Große Seestraße, befand sich das Restaurant „Zum Amtsgericht". Im Ausschank der Berliner Kindl Brauerei von Gastwirt Emil Oppermann wurde sicher so mancher Fall im Nachhinein „gewonnen". Foto von 1928.

An der Parkstraße, zwischen Großer See- und Rennbahnstraße, legte das in Weißensee einquartierte Erste Garde-Reserve-Regiment im Jahre 1916 Musterschützengräben an. Hier konnte sich die Bevölkerung einen Eindruck vom Leben der Frontsoldaten machen. Nachdem der Erste Weltkrieg verloren war, verschwanden diese Anlagen.

Das Foto von 1935 zeigt die Große Seestraße in Blickrichtung Parkstraße an der Ecke zur Schönstraße. Die neu gebauten Häuserblöcke rechts im Bild, die sich von der Großen Seestraße bis in die Schönstraße hineinziehen, wurden zwischen 1931 und 1933 von der Pankower Heimstättengesellschaft mbH gebaut.

11

An der Rennbahnstraße

Die Rennbahnstraße, hier auf einem Foto in Höhe des Pasedagplatzes. Nachdem der Berliner Traberclub von der Terrain-Actien-Gesellschaft Weißensee ein Gelände an der Heinersdorfer Straße erworben und dort eine Rennbahn angelegt hatte, bekam die Straße, da sie hierher führte, 1878 eben diesen Namen.

Der Berliner Traberclub weihte die Rennbahn am 16. Juni 1878 mit sechs Trabrennen ein. Die erste Trabrennbahn auf dem Terrain Groß-Berlins war geboren. 12.000 Zuschauer strömten auf die Anlage und sorgten für gute Wettumsätze. Somit ging es auch dem Traberclub gut, man war finanziell erfolgreich. Da sich die Rennen durch Wetteinsätze am Totalisator amortisieren, bekam der Traberclub ein Problem. Aufnahme von 1902.

Regierungsorgane verboten den Totalisatorbetrieb und damit die Finanzierungsgrundlage der Rennbahn. Der Berliner Traberclub trat in Liquidation, ab 1885 gab es keine Rennen mehr. 1886 erwachte der Trabrennsport wieder, da der Totalisatorbetrieb nun gesetzlich erlaubt war. Der Rennsport hatte seine Blütezeit und mit ihm auch die Gemeinde Weißensee. Das Foto zeigt den Sieger Spiuetell mit Jockey Wiltshire im großen Preis von Berlin.

Der Erfolg des Rennbetriebs ebbte langsam ab. Grabenkämpfe zwischen Gemeinde und Rennbahnbetreiber trugen ein Übriges dazu bei, sodass 1912 die letzten Rennen abgehalten wurden. Das Gelände wurde nun vielseitig genutzt Zum Beispiel diente es für Volksfeste, als Filmkulisse oder, wie in der Aufnahme von 1915 zu sehen, als Paradeplatz für den Einzug der Garnison im Beisein des Kommandeurs Major von Schack und des Weißenseer Gemeindevorstands mit Bürgermeister Dr. Woelck.

Während des Zweiten Weltkrieges wurden auf dem Rennbahngelände Baracken für ausländische Zwangsarbeiter errichtet. Auf dem Foto von 1944 sind Baracken für Feuerwehrleute aus Tschechien zu sehen, die nach Bombenangriffen zum Löschen eingesetzt waren. Zehn Jahre (1955) nach dem Krieg wurde auf dem Gelände eine Radrennbahn eröffnet.

Im Jahre 1906 beschloss man, Weißensee an die Industriebahnlinie Tegel–Friedrichsfelde anzuschließen. Die Eröffnung fand im November 1908 statt. Zwischenzeitlich wurde ein neuer Bebauungsplan für das Gelände nördlich der Rennbahnstraße, zwischen Roelckestraße und Berliner Allee, bis zur Grenze nach Malchow erstellt. Das Gelände, zuvor größtenteils als Rieselfelder

genutzt, wurde an den Ingenieur Hugo Allers sen. verkauft, allerdings mit der Verpflichtung, binnen fünf Jahren Straßen und industrielle Anlagen zu errichten. Die Luftaufnahme zeigt den Verlauf der Industriebahn, die neu angelegten, unbebauten Straßen sowie das Riebe-Kugellagerwerk an der Franz-Joseph-Straße (heute Liebermannstraße).

Mit dieser Reklamemarke warb die Weißenseer Gemeinde für ihr neu errichtetes Industriegebiet. Besonders wurde auf die gute Infrastruktur und die günstigen Strompreise hingewiesen. Selbiges konnte die Gemeinde garantieren, da ihr das Elektrizitätswerk gehörte. Sollte es noch eines Beweises bedürfen, welches das offizielle und einzig gültige Wappen Weißensees war, liefert die von der Gemeinde herausgegebene Marke diesen.

Die Kugellager- und Werkzeugfabrik von August Riebe war eines der ersten Unternehmen, die sich im neuen Industriegebiet niederließen. Das markante Gebäude entstand 1913 bis 1914 nach Plänen des Architekten Bruno Buch. Die Riebe-Werke entwickelten sich zu einem der führenden Kugellagerproduzenten in Deutschland. 1929 wurde das Werk Opfer der aggressiven Expansionspolitik der Svenska Kullagerfabrik (SKF), die die Firma übernahm und kurz darauf das Werk schloss.

Bereits im Jahre 1920 ging es den Riebe-Werken nicht mehr so gut. Dies kam der Deutschen Niles Werke AG gerade recht, die zuvor ihr Stammwerk in Berlin-Oberschöneweide verkauft hatte. Sie übernahm nun erst einen Teil des Riebe Werkes, ab 1930 das komplette Werk. Das Foto von 1930 zeigt Arbeiter der Niles-Werke beim Feierabendbier.

Das Industriegelände wuchs und der Güterverkehr mit der Industriebahn ebenfalls. Zahlreich waren nun auch die Mitarbeiter der Güterabfertigung Weißensee unter der Leitung von Obergütervorsteher Paul Riese, wie das Foto von 1919 belegt.

Die Güterabfertigung befand sich auf dem Gelände an der Berliner Allee, zwischen Gehring- und Franz-Joseph-Straße (heute Liebermannstraße). Auf dem Foto von 1934 ist sie leider nicht zu sehen, allerdings weist das nur wenige Schritte entfernte Restaurant von Hans Jekosch „Zur Industriebahn“ auf den Güterbahnhof hin.

Im Haus Rennbahnstraße / Ecke Pasedagplatz befand sich der Ausschank der Berliner Kindl Brauerei von Gastwirt Wilhelm Wilkerling. Noch heute gibt es in diesem Gebäude ein Restaurant. Foto von 1928.

Im Jahre 1929 errichtete der Bau- und Sparverein „Eintracht" aus Berlin an der Rennbahnstraße Wohngebäude, die sich bis in die Parkstraße ausdehnten. Das Foto von 1935 zeigt links den Verlauf der Rennbahnstraße, rechts den Blick in die Parkstraße.

Mitte der 1930er-Jahre wurden zwischen der Roelckestraße und der neu angelegten Hunsrückstraße, südlich begrenzt durch die Amalienstraße, bis hin zur Rennbahnstraße kleine Zwei- bis Vierfamilienhäuser errichtet. Bei der neuen Gestaltung des Gebietes entstand auch der 1936 benannte Bundenbacher Weg. Bundenbach ist ein Ort im Landkreis Birkenfeld (Rheinland Pfalz).